打開讀書會錦囊  共啓成長的引擎

嚮往美感的讀書會

99則經營讀書會智慧心法

方隆彰 著

〔推薦序〕

爲讀書會說妙法

釋覺培

推廣讀書會至今，一直希望為讀書會帶領人找一本從成立、帶領、解材、到永續經營讀書會的寶典，這本書不僅要有相當豐富的實務經驗，更需為一些曾經遇到瓶頸的會友們找到解套的方法。

從《讀書會結知己》到《讀書會錦囊》，方隆彰老師的書一直是我推薦給讀書會成員的好書，我將它視為推廣讀書會必讀的武林祕笈。

他長期為《人間福報》的「全民閱讀」版面執筆，將多年來推廣讀書會的經驗與智慧傳授給廣大的讀者，並獲得各界的回響，尤其讓許多讀書會帶領人如醍糊妙味般找到了智慧心法。近年，他更持續推廣閱讀並深耕讀書會，決定依循《讀書會錦囊》的脈絡，增加篇章重新出版新書，名為《嚮往美感的讀書會》。

重新出版的《嚮往美感的讀書會》分為九輯、九十九則和附錄。

輯一「讀書會的形與神」，告訴大家其實讀書會非常容易，從如何成立、與人對話，面對不同的對象，怎樣容納異己、修己敬人、安定人心，人人都可構思並創造屬於自己理想的讀書會。

　　輯二「材料解讀的經緯」，專為還沒養成讀書習慣的人，或忙碌得沒時間讀書者，找到一個品味書香的妙方，如：對於解讀材料，如何不偏頗的忠於原著，能客觀理解；怎樣在了解後還能進一步展開思考、獲得真知、有效學習等。

　　輯三「層次提問的玄妙」，從打開思考的禁錮，從外到內，由粗到細，經表象到內心層層深入的思惟，展開一連串閱讀的探險之旅，更啟發讀者靈活思考的妙方。

　　輯四「活化討論的法門」，為讀書會提供討論的祕訣，讓閉塞、保守，或沒有信心開口的人，有了說話的出口，一般讀書會的帶領人最感到這方面的不易，此輯裡藏滿了大家最想知道的答案。

　　輯五、輯六則開展了各類型讀書會的分享，透過「企業共學有門路」、「親子與班級共讀」，告訴我們如何在同儕之間平等相待、用社群活化組織、以共讀溝通親子關係，讓學習型組織的運作充分落實在工作、家庭與學校的環境裡。他深怕大家尚有疑問，於是在輯七「讀書會的結與解」，提醒讀書會的運作中可能遇到的困惑，應該創造的文化是什麼。所有的理念、方法再好，都端乎於人為因素。

　　輯八「帶領人的修與為」，他再次強調帶領人的精神與態

度，無論是自我的修持，不強勢、不獨裁，以謙卑的態度容受一切平等的對話，啟發參與者的信心，並藉此開發閱讀生命的天地。

輯九「看見書中妙智慧」，引導大家澄靜身心，回歸真我，如實面對自我，在不斷學習中如何面對、處理與他人的互動和關係。而書末的附錄，包含提問參考題和讀書會友的回應，更加充實了全書的內涵，以及讓人深深感受帶領人與參與者間的可貴情誼。

這本書像什麼呢？沈謙曾說過：「書本就像降落傘」，我確實感覺這本書如維繫讀書會的一把降落傘，提醒大家：一定要打開，才能發生作用！

覺培法師
現任國際佛光會中華總會祕書長，並兼任人間佛教讀書會執行長。
受星雲大師「生活書香化」理念影響，自二〇〇二年起推動全民閱讀，在海內外成立兩千餘個讀書會，成為全球最大的華人讀書會社團。

〔推薦序〕

一席豐美的心靈饗宴

陳怡安

　　十年前，隆彰把他那源自己身孜砭的讀書耕耘，不間歇的「學而時習」的踐行，觀照了時代心靈的渴求，化成一種自我的生命託付。將所練就的工夫，貢獻給邀請他說法的遠近大小機關團體。把讀書會的組成、帶領討論的方法，以傳教士般的熱忱，讓自己的形跡滿透臺灣各鄉鎮。

　　從說法的經驗，他把教學的心得，幾經縝密的反芻、苦心的琢磨，像湘繡師傅的巧手，織錦了《讀書會結知己》這本書。讀書的編織架構、內容鋪陳，呈現了受物理學訓練，要求嚴謹理序的素養，確實曾幫助了許多嚮往書香社會的願景，熱中組織讀書會，卻苦於典範難尋的有心人。好書的評斷之一是一本書的訊息是否對應了社會的需求。

　　就在此時，佛光山開山宗師星雲大師，以恢弘的氣魄、壯闊的瞻矚，祈願臺灣社會處處洋溢書香的芬芳，於是敦促弟子籌畫成千成萬的讀書會。大師的睿智是預見透過人間佛教讀書會的交心互動，彼此可以互學做人處事的道理，激發人與人之間相互對待的智慧，進而無形地催化書香社會的形塑。於是，有佛光山人間讀書會之德成。負責讀書會的執行長覺培法師，是位積極主動卻又謙恭有禮、慧點沉穩又熱情包容、知行一貫劍及履及的上善人才。他仔細地搜尋讀書會團體的資訊，善巧地造訪了負責松下素直友會「也是讀書會」的總會長，洪建全

文教基金會的董事長簡靜惠女士，他倆惺惺相惜一拍即合。原本好學又有長期帶領讀書會經歷的她，也順邀了隆彰共襄盛舉。就這樣，善緣和合地展開了新的十年的書香社會運動。

隨著佛光山人間讀書會推動的巧緣，十年來，隆彰一本初衷，持續講解、說法、展示，助耕讀書會之經營和帶領人培訓。在教學相長的切磋中，他再度咀嚼、再度深化其中的訣竅和奧妙。溫故而知新中，他把創見後的智慧，綴成文字篇章，陸續發表於人間福報專欄。於是孕育了這本新書——《嚮往美感的讀書會》。

如果說《讀書會結知己》較傾向是本教戰手冊，呈現的風格偏向嚴肅的說理鋪陳和思維，著重帶領步序的推演。那麼，這本新書的韻調，更像是溫煦的老樂師，憑其熟稔的樂理造詣，期許樂團成員將專持的樂器特質，奏合出每一樂章的樂魂。此書的文氣是柔和的、諄諄然的、邀約的。

匯集成書的每一篇章，無不緊扣著「對話精神」。以對話的心靈，嚮導著每一參與讀書會的個體生命。透過相互的聽納、回應和互敬，體會到讀書討論的理趣，讓萌發出的智慧溫潤彼此的心靈，明白了為何每一個生命都值得我尊重。當然，全書仍保存了隆彰一貫的思維理序，但讀者可以特別注意到每一篇章的結語段，作者苦心積慮地提醒學習帶領人，可千萬得從

「心」法出，也要由「心」法回。這正是領導人最最需要的修煉，卻又常常被遺忘的。這個時代，「利得」（Aquisitiveness）已然成為人們行事作為的核心關懷，大多的學習鶩求「術」的工具掌握，而忽略甚至無視「人」才是存在的根本價值。帶人帶心，才是領導人永恆的源頭活水。

此書由香海出版社發行，真像是為此書抹上一道淵源的彩虹。隆彰與我共修多年，他讓我優先拜讀全書的文稿，留在我閱讀心懷裡的感受，像是欣賞到、享受到一席豐美的饗宴。其實，讀書會的參與，原可以是美好的心靈饗宴啊！是為序。

陳怡安
現任：怡安管理顧問公司董事長、俄羅斯工程研究院院士。
著作：積極自我的開拓、活出現代人的意義、穩實安命、
　　　人生七大危機、愛溝通成長、把自己找回來、
　　　每日生命對話錄、人生彩排 等多本。

〔自序〕
慢讀、對話，共享智慧之美

方隆彰

　　我喜歡讀書會的自在、驚喜，不論準備得如何，對材料理解多少，甚至帶著許多疑問，我知道不會有人笑我、貶低我，每一次總會在成員們真誠、熱情的交流、激盪中，感受共同參與、合作學習的樂趣，也常常在有窮處又見曙光，引領大家再次體驗對話共學的美好！

　　我喜歡慢慢讀，靜靜聽，細細想，神遊於作者的世界，欣賞每位成員展現生命的情姿，讚歎彼此互動中，喜悅之神總愛駐足眉梢，樂助靈感的翅膀在眉間輕輕揚起……

　　這樣的歷程沒有唯一的主導者，人人都可以貢獻，彼此願意相互邀約、耐心等待，不強迫發言，容許百家爭鳴，相互挑戰。

　　於是，知道自己所知是很有限的，知道他人的生命歷練都是值得敬佩與學習，視野打開了，心胸寬廣了，人謙虛了；

　　於是，柔軟的心願意參與陌生領域的閱讀，願意給自己更多不同學習的機會。

　　有一天，回首來時路，輕輕告訴自己：還好，我有參加讀書會，讓庸碌茫茫的生活可以暫歇、讀心、望天；同時，向讀書會夥伴們深情告白：還好，有你們真心陪伴與慷慨分享，人生路上色彩繽紛，充滿樂趣，更因你們適時映照與彼此對話迸出的智慧火花，讓我有機會觀照自己，精進生命的品質。

　　這本書是《讀書會錦囊》（洪建全基金會出版）的增訂版。

　　輯一到輯八選自人間福報「智慧傳家」專欄（民國九十二年一月至九十五年八月）一百零一篇中的八十八篇；輯九則是

發表在艋舺龍山寺季刊「共品書香」專欄（民國九十七年五月至一百零一年六月）十五篇讀書筆記中的十一篇，合計九十九篇，象徵讀書會的智慧之美能在人生路上相伴久久；附錄是幾位讀書會好友對《讀書會結知己》（爾雅出版）、《讀書會錦囊》二書的回應與期許，同時，香海文化的編輯瀅如似乎有聽到讀書會帶領人的期待，建議我能提供一個完整提問的實例，因此，我分別就一本書及書中一章為例，整理了一篇提問參考題，供讀者們進行討論時參考。

此書能夠增添篇幅重新出版，緣於洪建全基金會簡靜惠董事長當初支持出版《讀書會錦囊》，奠定了內容架構與基礎；也許是多年來持續與佛光山的結緣，數年後竟轉回香海文化出版，人生因緣真是奇妙！

這些年陸續有許多團體投入讀書會的推展，如：洪建全基金會的素直讀書會群、任兆璋修女林美智老師教育基金會的愛家社區讀書會、佛光山的人間佛教讀書會、法鼓山的心靈環保讀書會等，顯現出讀書會在臺灣發展的新面貌，而能持續發展且具影響力，其關鍵因素都是有堅持使命的人長期投入，其中覺培法師即是代表之一，感謝他願意再賜序支持本書。

參與讀書會二十多年能有些許學習可以和大家分享，實要歸功於開啟我認識人生，持續傳心授法的陳怡安老師，就像此次為了撰寫本書推薦序，他在詳讀內容後，主動提出對書名的建議，此種對生命抱持的熱情，與對學問的嚴謹態度，再一次衝擊了我，也激勵了我，更是我人生道上最佳的學習典範。

願在讀書會共學路上激發的智慧之美，經由持續對話，長長久久！

目錄 contents

輯2 材料解讀的經緯

輯1 讀書會的形與神

輯3 層次提問的玄妙

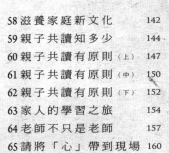

輯 1

讀書會的形與神

參加讀書會除了知性的吸收、學習，也別忽略內在涵養的陶成，因為，「態度」才是根本。好好利用討論的過程檢視、修練「聆聽」、「接納」與「容異」的內涵，提醒自己持續努力，提升至「和而不同」的境界。

 # 讀書會非常容易

　　「讀書會」是一個很特別的團體，只要你敢主動邀約朋友參加，通常不太會得到直接的拒絕，可能是因為「讀書」是件好事，至少不是「壞事」吧！

　　但是，「讀書會」是什麼？會不會很嚴肅、枯燥？有規定進度嗎？萬一沒有讀完，可以去嗎？如果有不懂的地方，會不會被取笑？我不太會說話，萬一要我發言，怎麼辦？我的程度不好，跟得上嗎？

　　其實，讀書會很容易：

需要幾個人才能成「會」？

　　只要能夠有對話、互動的對象與動力即可，兩個人不嫌少，十位不嫌多，頂多十五位。

要讀什麼書？一次要讀完一本書或多少進度？

　　找遍各項法規，並沒有規定「讀書會」一定要讀什麼書或每次需要多少進度，因此，喜歡讀什麼，一次想讀多少，都可以由讀書會自行決定、安排，既不會違法，也不用擔心督學來抽查。

一次要進行多久？多久進行一次？

　　原則上每次進行到二到三小時較適當，至於每週、每月或隔週進行一次，就視大家時間的方便性及材料內容分量的適當

性而定；如果是在辦公室舉辦，也可利用午休時間，邊吃邊討論，一至一個半小時就夠了。

要利用什麼地方辦理？

讀書會的便利性就是不需特定場地，小至家中客廳、餐廳、辦公室的會客室、閱覽室或會議室，大至圖書館、活動中心，或一般西餐廳、咖啡館等都可以；只要坐得下，不太會被干擾或干擾旁人就可以了。

需要繳費嗎？

讀書會是最經濟的學習策略，除非需要場地費、餐飲費或偶爾邀請專家演講、作者分享需要鐘點費，否則，除了買書需要費用外，並沒有必要的開銷。

經由以上說明，是不是發現「讀書會」原來可以這麼輕易的發生！因此，只要有一顆願意學習的心，找幾位志同道合的親朋好友，選一本都能接受的書，訂個良辰吉時，找一個坐得下的地方，就可以開始了！

心法 讀書會是最有彈性、最方便、經濟的自主學習團體，不受時、地、物的限制，人人皆可參與。

 # 讀書共修結知己

　　「知識經濟」時代重視「腦力」資源的開發與運用，而面對新資訊、新觀念不斷更新的社會，卻也常常讓人感到「舊思維」的無力與「腦力」的不足，因此，有什麼有效的管道或良方能快速集合個人之有限，激發眾人無限之智慧，以跟上時代腳步，處理多變的社會？

　　屬於「集體學習」的「讀書會」，就在這樣的社會背景與個人需求下，蓬勃發展起來。

　　「讀書會」顧名思義就是：「一群人針對一項客觀材料加以解讀、討論與分享的學習性組織」。其中「一群人」指「兩人以上」，而「學習性」組織，則強調讀書會著重「知性啟發」的學習，有別於心理類的成長團體或聯誼性的社交團體；另外，「客觀材料的解讀」與「觀點討論、經驗分享」則是讀書會的兩大命脈，因為，如果只有後者，易流於閒聊、八卦，只有前者，則將成為演講會或上課式的單向傳達，因此，兩者兼具並交互對話，才能顯現讀書會的原味。

　　走一回讀書會，你會發現那是一座「百花齊放，百鳥爭鳴的自由花園」，在其中可以聽到多元的聲音，不但內容豐富，而且活力十足；同時，也是一座「智慧的發電廠」，經由共讀、消化與研討，導引知識經由吸收、交流，產生激盪、衝擊，達

到充電的效果,並進而發生觀念轉移或踐行後的頓悟。而在讀書會中彼此以「人」平等對待,通常以名字稱呼,避免原有角色、職稱的隔閡,倍感親切,加上相互間真心關懷與互動,怪不得有人以「心靈洗澡」來形容參加讀書會的舒暢與喜悅,也可說讀書會是「充滿人味的淨土」。

由於讀書會注重討論、交流,在進行過程中自然能修練許多好功夫,如:聆聽、包容、欣賞、耐心、關懷、解讀、表達、敏察、反思與回應等;而成員彼此在沒有利害關係下,真誠、純樸的交往,經由相知扶持建立的友誼,是可靠而易持久的,如果彼此投緣,還可能成為老年的摯友;因此,讀書會既是「修行的好道場」,也是「結交老友的預備所」。

想要體驗一趟讀書會的奇異之旅,請趕快找一個讀書會參加或乾脆自己組織一個吧!

心法　讀書會是當今社會中難得的一塊學習淨土,在彼此信任、支持的團體互動中,自在享受溫馨與豐富的心靈洗禮。

# 以對話更新生命

生命的好消息是只要活著，就有許多可能。所以，每一天都是新的一天，每年都是新的一年。

所謂「新」是可以重新來過，可以有不同於過去的嘗試，當然也意味著可能面臨許多未曾遇過的景況，甚至是挑戰。

「習慣」帶給我們方便，使我們在舒適圈內活得自在，漸漸地也就畫地自限於不自覺中，因此，新年在人生歷程中是一個重要的逗點，讓我們可以有機會稍微停下來，看看一路走來的自己：仔細點數有哪些成就與成長，又有哪些需要調整與發展的，而面對新的一年，最想完成的目標或夢想是什麼，自己可以在哪些方面多下工夫，甚至給自己異於往常的冒險機會？

生命需要往前走，而前方往往是不可知的未來，需要許許多多不同於過去習以為常的思維與作為，如果願意暫時離開習慣的舒適圈，做一點新的嘗試，換個不同方向，新的一年說不定會有另一番的風景與視野。

展望未來，社會發展的腳步不會停滯，社會變動的內涵只會更加複雜、快速，人類過去累積的知識已不足以因應眼前的遽變，因此，從幼到老，不分男女，各行各業，都需要一個真誠活在當下的本領：「好好聆聽自己、他人與環境的聲音」，

唯有願意先打從心裡去接納、傾聽每個生命的訊息，再予以及時、適當的回應，才能在動態中建構安身立命的基礎。

要修練這樣的本領，只靠自己的力量太單薄，如果能有一群有志者共同操練，相互扶持、激盪的效果將使功力大增。

親愛的朋友，「讀書會」是一座練功的好道場，每一場，不只當下學習聆聽、接納與回應的功夫，更因深度對話的敲扣，生命就有機會在一瞬間開啟了新的可能。

來吧！將加入讀書會做為新的一年給自己的禮物，讓自己學習在對話中不斷更新，讓生命在新的嘗試中持續成長。

心法　不論昨日如何，只要活著，生命就有更新的可能；參加讀書會，就是給自己與生命真實對話的機會，也是送給自己不斷成長、更新的好禮。

讀書會滋潤心田

「下週讀書會能來嗎？我知道你最近非常忙碌……」
話未說完，對方就搶著答：「當然，當然會去！」
「不是接著有一個大活動要舉辦，看你快忙昏了？」
「是啊，就是因為忙到快喘不過氣來，更要去參加啊！」
「忙不過來，還有時間嗎？滿奇怪的！」
「其實沒什麼好奇怪的，去參加讀書會對我反而是一種休息，讓身體放鬆一下，也是換個空間，讓心靈可以轉換、轉換。」

原來讀書會可以是個提供心靈休憩的小空間！
對忙碌的現代人來說，時間永遠是個限制，事情往往比時間多，「人」成了事情的「工具」，不斷投入的結果，身為「人」的味道慢慢流失了，每日在工作中的「我」，像機械般地運作，久而久之，猛然發覺如行屍走肉般的自己，好像是個陌生人，這種離自己愈來愈遠的感覺，真不舒服！
你我不可避免的已經身處強調高速，要求效率的環境，在這被高度壓縮的時空中，你是否感到心靈日漸枯竭？如果你像前面這位朋友有所警覺，那真是幸運，否則，由枯竭進而崩解，那就嚴重了。

來參加讀書會吧！

在其中可以讓思緒翱翔，在開放的氣氛中，自由的發表與接收多元的觀點，無形中，內在壓力得到釋放，而更可貴的是經由真誠互動，感受到溫馨的關懷，尤其是彼此傾聽、接納與平等對話，讓人的存在被看見，也被重新肯定，進而能將工作中被擠壓得非常渺小的「我」，恢復其本有的價值。

這種能再與自己合一是一種「轉換」的過程，不只將步調緩下來，更將空間做個改換；人生不是只能一直往前的「位移」，也需要定點深度的耕耘。

心田的耕耘需要鬆土，需要施肥，更需要灌溉。

來讀書會，讓忙茫盲的心田在休息中得到滋潤，在激盪中沉澱價值，在反思中發現亮光與方向，如此，人生將更豐實！

心法　忙碌的心田容易枯竭而不自覺，定期來讀書會澆灌心田，可以讓人生走得更遠、更順、更踏實。

 給彼此一個機會

　　組成一個讀書會很容易，如果能找到喜歡閱讀的同好；維持一個讀書會運作也不難，如果彼此的關係發展得不錯，而且也都覺得有收穫。

　　問題是被邀約來的成員，不一定有主動閱讀的動機，對閱讀雖不至於排斥，但也不是有美好的經驗，因此，來了幾次，就漸漸不來了；這對當初熱情邀約的發起人來說，真是情何以堪啊！

　　讀書會的運作，基本上是由兩股動力交織發展：一個是「任務」，就是閱讀與討論；另一個是「關係」，指的是成員彼此之間的互動與感覺；此兩動力間的平衡與否，決定了讀書會的穩定程度。如果是一群熱愛讀書的成員組成的讀書會，一開始，會比較採「任務」導向，以滿足成員閱讀、激盪的需求；如果是一群只是對讀書會有些好奇的人相聚，最好是先以發展「關係」為主，再於其中加入一些「任務」，亦即先培養「喜歡來」的感覺，讓成員覺得參加讀書會滿有意思的，並不枯燥、無趣，也不會有太大的壓力，才會「喜歡再來」；因此，一開始門檻不宜太高，可以採「現場閱讀」方式進行短文、故事或選短篇成冊的書的內文，進行輪讀與討論，在輕鬆中享受閱讀、交流的樂趣。

　　如果大家都樂於無壓力的閱讀與討論，不妨就如此持續下

去。妙的是，學習的胃口一旦打開了，就會有「學後知不足」的需求，此時，就可以加重分量，由文章改為讀「書」了；由於成員的思考與閱讀能力已經有一些基礎了，對於要讀一本書就不會那麼排斥，於是每次參與不只感到有趣味，而且更有「收穫」；漸漸地，不只彼此關係愈來愈穩固，也因有收穫而兼具任務的滿足。發展到此，參加讀書會可能已成為成員生活的一部分，除非有要事，否則不輕易請假、缺席，甚至因某些假期而停辦一兩次，有人就覺得日子少了些什麼，不太習慣呢！

如果進一步讓成員輪流擔任導讀、帶領等工作，將因有實質參與而覺得更有「貢獻」，也會有更實際切身的學習，讀書會將更穩定的發展、運作。

因此，參與讀書會或帶領讀書會，都要有耐心，給予彼此嘗試的時間；畢竟，學習是個過程，願意給彼此機會就有成功的可能。

親愛的讀友，多給彼此一個機會吧！

 心法　讀書會本身就是學習與發展的過程，由成員的現狀為基礎開始，不急不急，慢慢來，漸入佳境後，就海闊天空了！

玩出讀書會原味

　　進行完讀書會討論的演練後，有位成員有感而發地說：「與我過去參加的經驗很不同；曾經參加過一個讀書會，大家也都很會說，可是，都很表層，只是一些好聽的話，感覺滿假的，不像今天這麼真誠，所以，兩三次後就不想去了。」

　　另一位接著說：「我參加的那個讀書會大家講話都很小心，很怕說得不恰當，或說錯，有人就乾脆閉嘴不說，所以，氣氛滿嚴肅、緊張，感覺很悶；哪像今天這麼開心，想說什麼就說，好輕鬆、自在喲！」

　　「我們的讀書會跟你們的都不一樣，我們是想講話卻不一定有機會，因為是事先安排某幾位做心得報告，他們報告完如果還有時間，才可以發言，可是，往往是由當天主持人做一些補充，時間也就到了，感覺上常常帶著遺憾回家。」

　　「我知道我們讀書會的問題在哪裡了，今天這一章雖然只有七、八頁，但我們談得好豐富、好過癮，過去我們都是一次討論一本書，若談得仔細點，就只能談一小部分，若要都談一些，就變成大略帶過，怪不得大家都覺得愈來愈沒意思，有些意興闌珊。」聽了這些話，心中覺得滿納悶的：奇怪，讀書會怎麼會呈現這樣的風貌？

　　讀書會之所以稱為「讀書會」，一定有它的獨特之處，如果未能把握其根基，可能於進行中不知不覺就走味了，這對於抱持熱切學習的成員來說，實在是很可惜。

讀書會最根本的基礎是：「材料與閱讀」

若有材料卻無閱讀，變成只是擺擺樣子，至於材料是會前閱讀還是現場閱讀，就依材料的分量、成員的習慣與會規而定了。

其次是讀書會的重頭戲：「討論與分享」

「討論」是針對某個主題或材料範圍進行有焦點的表達，「分享」則是由材料內容引發相關經驗的連結。讀書會不是聽某人專題演講或少數人心得發表，而應是人人都可以發言，也有充分表達的時間，如果要談得深入，就不能一次探討太多的分量，若想「質精」又要「量多」，恐怕會兩頭空。

另一個是無形卻有強大影響力的基礎：「安全與開放」

如果擔心說了會被嘲笑，甚至「秋後算帳」，誰還敢真誠地表達？如果每次討論都有所謂的「標準答案」或有一位權威者會斷定意見的對錯，如何能聽到多元豐富的觀點？所以，「安全」與「開放」的氣氛是孕育真誠交流與激發多元思考的無形保障。

這三樣根基，也許可以稱之為檢驗是否為真正讀書會的DNA；把握了讀書會的 DNA，就可以自如享受讀書會的原味與精采了！

 心法 「材料與閱讀」、「討論與分享」以及「安全與開放」，是讀書會驗明正身、缺一不可的基本標準。

讀書會修己以敬

　　每個人參加讀書會都有自己的動機，而對讀書會能帶來什麼好處，也因不同經驗而各有體會；如果從「生命就是不斷學習的歷程」來看，讀書會的核心功能可以說是「修行」，亦即讀書會就是修行的道場，認真參加讀書會就是踐行修行的生活，真實活出深具修行內涵的人生。

　　那麼參加讀書會可以修些什麼呢？最直接的就是「修己」。

　　經由閱讀與思考，可以獲得知識，增廣見聞，建立正知正見，如果閱讀的書籍夠寬廣，還能打開視野，而在持續閱讀與參與討論中，許許多多的能力也在無形中成長了，如：理解力、思考力、組織力、表達力、判斷力、應變力、創造力等，因此，參加讀書會就等於在修自己的「智能」。

　　除了智能，還可以修「身」，在與作者、成員的對話裡，能檢視自己的人生方向，並於相互激勵中促發動力，將所知落實於日常行事中；由於讀書會是長期且定期聚會，彼此督促的力道較強，這對修身所需的自律養成，會有意想不到的效果，因此，也是一種修「志」的活水源頭。

　　修身後，自然能產生修「心」的功能。人努力一輩子求的是身心安頓，尋找生命的安身立命之處，在讀書會裡，不只能聽到很不同於自己的「異見」，更會接觸到形形色色的人與經

歷，更精采的是「無常」也經常發生，例如：遇到一開口就停不下來的成員，不按牌理出牌的成員，人生起伏落差兩極化的生命故事，答應帶領導讀卻臨時缺席等等；面對這些狀況我們是怎麼反應的，是包容的？還是批判的？是慈悲的關懷或是情緒化、不耐煩的指責？

這些點點滴滴真實的發生，如同一面面鏡子，映照出我們當下的實相，讓我們有機會反思覺察「心」的樣貌，於學習應對這些「發生」中，重新與心的根源對話，漸漸地，因了解而生的「接納心」出現了，因感動而能感同身受的「感應心」也甦活了，於是，胸襟在開闊中，涵養也更豐實，如此的修練，「心」就能處在較「定」的狀態，為人處世的態度也會更自在。

孔子認為君子是以「修己以敬」為本，若能將參與讀書會當一回事，認真地在其中面對自己，好好地下「修己」的工夫，這個社會就多了許多君子了。

 心法｜讀書會不只可以「修智」，同時還能「修身」與「修心」，真是現代人最方便的修行道場。

 **與內在眞誠對話**

　　知識經濟強調學習、運用與創新，因此，怕落伍的現代人就積極追求知識，譬如：父母將孩子的時間填滿英文、數學、心算、作文、鋼琴等學習，上班族參加各種進修課程，家庭主婦也忙著聽演講、參加讀書會等，而在捷運車廂內，閱讀書本或雜誌的人也好像比較多了⋯⋯。

　　這些現象似乎透露人們重視學習，也會把握時間盡量學習；問題是：如果只是「填」進知識，而無法有效運用，也缺乏創新的本領，會不會只是吞進許多「糟粕」，而未能得到精華？

　　學習有許多不同的形式，若就學習來源而言，最常見，也是最熟悉的就是「書本」或是經由老師、專家將「一套已經整理好的知識」傳授給我們，由於已經經由他人整理，可以學到較有系統的內容，這種直接吸收的方式，省力省時，又可大量、快速，很合乎現代人速食的需求；然而，它既是已整理過或已經成型的知識，當然也是已存在、「過去」的東西，同時，在學習態度上，往往是被動的吸收，容易不自覺養成依賴他人整套的給予；就學習內涵言，這樣的學習只是學了半套，頂多只是打下學習的基礎而已。

　　除了接收既有的系統知識，我們還可以經由「與他人互動」來學習。由於每個人所知、所感與經歷、體驗都不同，彼此皆具有豐富的內涵可供學習，因此，經由表達，相互分享、交流

與激盪，往往可以釐清疑惑，照亮盲點，創造新見；這種經由「對話」的學習，彼此是主動參與，不只接收，也有貢獻，更有激發後的更新，它的學習是「當下」的，而學習的內涵是一起「建構」出來的。

以上學習都需要靠一套外在既有的知識或者他人，才能學習。其實，人類最可貴的學習來源就在「自己的已知」，亦即與自己的對話，省視自己所知，整理自己所學，往往會「溫故知新」，甚至「挑戰、質疑自己的已知」，於顛覆自己的過程中，將所知沉澱、內化，與內在自我產生活絡的深度溝通，如此，才能在追尋「永恆真理」的過程中，將學習昇華，提升生命的素質。

讀書會的過程，具體的含括上述的歷程：由閱讀開始，吸收材料系統表達的內容，接著，經由討論、分享，在對話中建構學習的內涵，最後是回歸到自己，與內在深度對話，深探本質，深化生命的厚度。

因此，喜愛學習的朋友，於學習的路上，除了吸收，還要對話，與他人交流互動後，更要省察所學、所知，與自己內在真誠的對話。

心法

完整的學習包含：系統吸收、對話思辨與省察所知；
讀書會的進行歷程就是完整的學習歷程。

 **全整學習知能風**

　　一群讀書會的成員於會後聚餐中聊到：「參加讀書會之後有哪些學習？」

　　「當然是增加許多知識了。」有人隨口回應。

　　「對，對！讀了好多書，有暢銷書，也有比較冷門的。」有人呼應。

　　「生活中話題增加了，好像比較有東西可以聊。」

　　談了一陣子後，突然有成員質疑道：

　　「如果只是多讀幾本書，或是僅由書中吸收一些知識，豐富談話的內容，自己一個人看書也可以有這些收穫，又何必麻煩另撥時間，刻意到一個地方參加讀書會呢？」

　　霎時氣氛有點僵，有人皺著眉頭似乎在質疑此質疑，有人不自主地點點頭，似乎覺得有些道理，也有人陷入思索，想找找答案做些回應……。

　　一陣子後，終於有人開口了：「自己看書當然也會有收穫，可是，卻聽不到其他人的看法，也沒有機會說說自己讀到的東西啊！」

　　接著，有人幫腔了：「對啊，一個人在家看書就結交不到各位好學者啊！」

　　此時有人按捺不住地回問：「你提出這個問題，你自己認為呢？我們想聽聽你有什麼高見。」

　　「我啊？還好啦！只是認為除了『知識』的學習，似乎在過程中也發展了表達、組織、思考的能力，而有些以前不太敢碰的書，好像也比較能讀懂一些，所以，閱讀和解讀能力可能也進步了。」

　　「有道理，好像許多能力都有提升。另外，就是對於不同意見不會立刻就用對錯去批判，而較能先接納地聽，有些了解後再回應，這也該算是很重要的學習吧。」有人接著說道。

　　這是一場非常有意思的對話，它點出了學習的內涵，包括：知識、能力與風格。

　　傳統學習著重「知識」的吸收，學校教育也偏重知識的傳輸，因此，提到「學習」，自然就想到「知識」。

　　沒錯，「知識」是學習的基礎，但是，「知識」要能被用出來，才是活的，這就需要「能力」了。當你具備了「學習」的能力，一旦需要吸收知識時，自然會用有效的方法去學習，因此，身處知識經濟的年代，多花一些工夫學習一輩子受用的

能力，是至為重要的。

　　至於「風格」，則是看不到的學習，卻也是學習的核心，它是內在的學習，經由有形的外在學習過程中，點滴薰陶，自然內化而形塑出個人的涵養與味道，如：耐心、接納、客觀、價值觀等。

　　總之，讀書會看似以吸收知識為主，直接由材料中獲得學習的內涵，實際上，卻於進行過程中，不斷歷練、培養成員各種能力，形塑內在風格與品味提升，可以說是一種相當全面、完整的學習。

心法　共讀不同於個讀的最大優勢是：除了有機會廣納「異見」，還能於點滴中培養能力，進而陶成個人的內涵與修養。

容納異己眞功夫

　　大選的熱潮似乎也感染到讀書會的討論中。

　　一位成員說：「其實誰當選都無所謂。」

　　說完立即引來數位成員語氣強烈而直接的反應：「當然有關係！怎麼會沒關係？」

　　霎時氣氛有點僵，另一位成員緩頰道：「先聽聽他認為無所謂的想法嘛！」

　　旁邊的成員插話道：「他恐怕嚇到了，不敢說話了。」

　　「嘿，讀書會不是要能接受不同意見嗎？也許你不同意他的意見，可是也不必一副要打壓的樣子嘛！」

　　有些讀書會會約法三章：不談政治、不談宗教、不做生意。如此約定的目的是避免傷了和氣。因為對有些人而言，其政治立場或宗教觀點是一種絕對的信仰，不容他人質疑與挑戰，如果有人對其政治偏好或宗教觀表達不以為然，或者只是發表不同的看法，可能立即遭到反制，很容易引發激辯，甚至是情緒性的對立；至於做生意，則是為了維持讀書會的純淨，不要因有金錢往來而產生不必要的麻煩，避免發生複雜的關係與滋生是非。

　　如果由另一個角度來看，讀書會是一個學習「彼此尊重」、「容納異己」的生活道場，所有發生於其中的事事物物，存在於其內的各種人與想法，都是供我們修練的教材，每一次碰撞正好映照出自己當下的實相，因此，政治、宗教的話題似乎不是那麼可怕而不能碰觸；而是說，如果大家還沒有準備好，還未能有足夠的雅量接納與聆聽有關政治與宗教的「異見」，暫時避免談論，對彼此是比較適當的。

　　換句話說，如果成員間有足夠的成熟度，彼此具有開放的心胸，在表達自己的立場，維護自身觀點的當下，也不會去打壓、攻擊對方，甚至願意虛心聆聽對方，了解彼此的不同，則沒有什麼不可談，也不需要刻意迴避。

　　因此，參加讀書會除了知性的吸收、學習，也別忽略內在涵養的陶成，因為，「態度」才是根本，好好利用討論的過程檢視、修練「聆聽」、「接納」與「容異」的內涵，經常提醒自己持續努力，提升至「和而不同」的境界。

 心法　讀書會的精采就如同萬花筒般的變化莫測，沒有兩次會完全一樣，因此，「不同」是讀書會的常態，也是修練彼此「和而不同」的練功場。

11 化解煩悶的靈丹

　　社會瀰漫著一般不安的氣氛，有些人的內心也難免受影響，顯得焦躁、煩悶。

　　「都快得憂鬱症了！」一位讀書會的成員脫口而出。

　　「那怎麼辦呢？」有人憂心地回應。

　　「也許可以分享一下自己的經驗，或一起腦力激盪有什麼好方法。」

　　此話一出，大夥兒紛紛熱烈地貢獻所知、所感。

　　有人說：「最直接的方法就是不看電視，以免愈看愈煩；雖然，有時還是會習慣性的拿起遙控器，想開電視，但是，刻意提醒自己，一、兩天後，也就習慣了，而多出來的時間聽聽輕柔的音樂，也挺舒服的。」有成員接著道：「不看電視後，發現可以運用的時間多了許多，我就煮了杯咖啡，坐下來，拿了本一直想看而沒時間讀的書，好好享受難得的寧靜。」

　　「對！對！對！」有人馬上呼應。原來該成員想到讀書會曾經讀過的一本書《佛性的遊戲》，一直很想再看一遍，就利用這大好機會重新複習，發現書中提到的許多觀點滿有提醒與洗滌的作用，譬如：要我們試著以更宏觀、長遠的眼界來看待眼前的發生，若以大宇宙寬廣的視野看待事情，就會明白，那不過是生命長河中的小水滴，不是什麼令人恐懼的大災難。

此時有人分享：最近剛讀完一行禪師的《你可以不生氣》，就用書中教導的「念念分明的呼氣與吸氣」，讓自己靜下來，十幾分鐘後，很奇妙的，淚水流了出來，因為，用正念吸與吐氣後，很自然觀想自己的偏見與對方的優點，突然間，隨著淚水，心也釋懷，好輕鬆，沒有負擔。

的確，就如同《你可以不生氣》一書中所表示的：「我們不僅以食物滋養憤怒，也透過眼睛、耳朵與意識所接受的資訊滋養它……，我們在媒體上所接收的資訊也可能有毒，他們可能都包含憤怒與挫折……，所以，正念的消費非常重要。」

的確，我們不要糊里糊塗地吃進含有毒素的資訊，要有覺察地拒吃，同時，選擇有益心智，能讓自己清明、喜樂的資訊與正見，以轉化內在能量，努力成為一位自由的人。

這真是一群有福的人，能及時關掉電視，聽聽音樂，看看好書，參加讀書會，分享所知、所行，聚集善的因緣，真是好福氣！

 心法 | 拒絕會引發負面情緒的資訊，將有限的時間用於閱讀與吸收有益心智的知見，才能讓自己活得更自在、更喜樂。

 **讀書會安心定人**

　　人有需求，就會產生驅動力，想要做些什麼加以滿足。

　　「讀書會」呢？是不是也因現代人的某些需求而促成，也因能滿足參加成員的一些需求而得以持續發展？

　　首先，從整個大環境來看。社會變遷與科技快速進步，造成人類的思維不斷要轉換，譬如：升大學已由「考上比較難」變為「考不上比較難」，手機也由單純的「通訊」功能轉換成「多元、流行」的象徵……；這種種「不連續」或「斷層」的思維模式，引發人們處在高度「人心浮動」的狀態，為了穩定這種「不安」，人需要尋找一處「安心」之所。

　　在讀書會裡，成員可以互相傾訴這些不安，也由其中發現自己不是唯一的「不安者」，於是，產生了「安心」的治療作用；而經由彼此不斷刺激，也讓思維較有彈性，更有能力跟上時代的腳步。

　　其次，處在資訊爆炸的洪流裡，每天接觸到的聲音、訊息，不只多、快，還常讓人搞不清楚真假、是非，尤其，大眾媒體強勢的輸送，網路傳播的快速，使得人們在接觸龐雜而無孔不入的資訊中，失去了判斷的準頭，許多似是而非的觀點，目不暇給的論述，不等你弄清楚這一波，新的一波就跟著襲來。

　　這種讓人由「判準模糊」到「判準失據」的狀況，是一種倫理的失落，不只是原有的價值觀模糊、淡化了，新的依據也

茫茫無處尋，於是，「不定」的感覺日益強烈。

　　來到讀書會，成員將外部的資訊帶來，經由充分的交流，深入的討論，不斷的檢驗與論證，比較有機會釐清或找到判準的依據，同時，經由閱讀與共同思考，不只吸收了資訊，也培養了分辨的能力，於是，面對外部的風風雨雨、紛紛亂亂，有了準頭，人就比較「定」了。

　　人的需求得到滿足，心就「安」，心安人就「定」了；讀書會於此浮動失據的年代，可以多多發揮「安心定人」的功能吧！

心法｜社會愈亂，人心愈需要安定；讀書會提供一個人人皆可參與的共修場域，讓彼此在接納中相互釐清與沉澱，重新確定再出發的根源與方向。

 # 為生命增添色彩

　　一群媽媽參加讀書會，主要都是討論與教養孩子有關的書籍。

　　有一天，一位成員若有所思地問大家：「再過幾年，孩子都大了，妳們還會參加讀書會嗎？」

　　「沒想過耶！」

　　「不一定吧！看看到時候的需要，再說吧！」

　　「要不是為了學習做個有效能的媽媽，也不會有這個機緣。」

　　「對啊，現在的孩子很難教，想跟孩子的關係好一些，不得不讀點書啊！」

　　「你問這個問題很有意思，好像我們都是為了孩子才會來讀書，有一天，不再有這個需要，真不知道還會有這麼大的動力嗎？」

　　從小「讀書」，都是被安排的，好不容易畢業了，可以不用再讀「規定」的書，沒想到卻又不自覺地跳入另一個框架裡：「為了教養孩子而讀」；雖說這不是被逼的，但是，基本上還是屬於「為別人」而讀書啊！

　　因「需要」而讀書，無可厚非，問題是：能不能也「為自己」，也「因自己」喜歡而閱讀呢？

　　「學習」是一輩子的習慣，「閱讀」是生命的滋養；「閱讀」在本質上是相當個人取向的，那是讀者與作者最私密的約會，彼此可以說悄悄話，可以相互心神領會，因此，如果只是為了「孩子」才讀書，會不會有些可惜，會不會少了許多閱讀本來會產生的樂趣？

　　如果你是「為孩子」、「為工作」而讀書，為了「他人」或「被期待」而參加讀書會，恭喜你，你是個有心人，你已經走在閱讀路上了。

　　如果你在這樣的過程中，激發出閱讀的樂趣，感受到共讀群論的成就與滿足，記住，不要輕易放棄，你還可以多為自己讀一些：抽一點時間，選幾本自己喜歡的書，在清風徐徐的午後，沖一杯綠茶，展書神遊，或是在濃濃的咖啡香中，邀二、三好友，伴著樂音，悠悠哉哉與作者對話，延續與書的親密關係，為生命增添幾抹色彩！

　　人的一生，總要為自己做幾件事情，「閱讀」是其中之一。

心法｜生命如彩虹，想要增添幾抹亮麗的色彩，請多為自己讀幾本好書，也常邀好友共品書香。

 留個位子給閒暇

　　新的一年要如何過呢？還是「工作至上」嗎？或者留一些時間與空間，讓自己喘口氣，也讓心靈因適當休耕得以滋潤、復原？

　　有人說：「忙碌工作是為了可以休閒。」也有人說：「我閒不下來，因為我想要得到更多悠閒。」更有人認為：「身處十倍速時代，一閒下來就會落伍，要緊緊跟上。」

　　的確，現代人常常忙到忘了休息，「工作」變成生活的主人，以致「人」與「自己」疏離而不自知，每天擁抱工作，追逐金錢，卻冷落靈魂，忽略心靈枯竭的訊息……。

　　忙碌讓我們無暇去思考生命的意義，也變得不習慣去反省每日生活的內涵，似乎活著就是工作、工作，人生的一些嚴肅課題何時面對呢？等到退休後嗎？還是躺在病床上？

　　近日研讀《閒暇：文化的基礎》一書，書中提到：「閒暇」並非無所事事，也不是玩樂，更不是懶散，而是給自己過一種如基督教所言的「默觀生活」，亦即將「沉靜的思考」排入生活中，給自己有「內觀」的機會，沉澱生活的內涵，提煉生命的素質，讓內在本具的「直觀」能力，得以活化而洞見內外世界的智慧。

　　人要「忙而不盲」，需要經常、高度的處在「當下自覺」的狀態，那一瞬間，心境是清明的，心靈是有空間的，所以，

可以立即對話與回應；這樣的功夫，是人的本能，只是，隨著年事漸長，為應付考試，忙於工作，因「外務」而疏於灌溉，以致在不自覺中掩蓋封塵。

　　所以，新的一年，給自己不一樣的新年禮物，讓生活有咀嚼的時間，讓生命有對話的空間，將「閒暇」的概念與價值放入閱讀中：閱讀作者，閱讀自己，閱讀眾生；生活中留個位子給「閒暇」，經常與她對坐、對話，讓生命在閒暇中自由流動，流動出更美妙的音符，合奏出更自在、更靈活、更具人文內涵的心靈樂章！

心法　忙碌讓人與自己不斷疏離，唯有停下來，看看自己，抱抱自己，靜靜地與自己對話，才能與自己重新和好，這就是「閒暇」的價值。

輯 2
材料解讀的經緯

「工欲善其事，必先利其器」，若能習得有效的讀書方法，加上持續閱讀與體驗，解讀能力必然與日俱進，屆時要讀快又讀懂，自是水到渠成。

忙裡偷閒品書香

　　寫完《讀書會結知己》一書後，深感寫一本有系統的書，實在不容易，也因此對書另有一番感覺，尤其看到一本厚厚的書，腦中自然浮現作者或苦尋靈感、或揮筆疾書、猛敲字鍵的影像，內心對作者的敬意油然而生，因為，我知道呈現出的數萬字，可能是作者數年的經驗與鑽研的成果，身為讀者實不能視為當然。

　　而寫作的目的之一就是能有讀者，甚至覓到知音，問題是：忙碌的現代人有時間讀書嗎？

　　在一次聚會中，讀書會的成員聊到這個話題。

　　有人說：「忙到無法安排一段完整的時間讀書。」

　　有人說：「時間有，但是，心定不下來，看不下去。」

　　也有人提到：「喜歡看書，尤其是探討自我的書，但是，工作上需要讀一些與數字有關的書，卻常常一看就睡著，怎麼會這樣？」

　　有人則提到：「其實每天撥十五分鐘看一些，一個月也可以看完一本書。」

　　立即有人呼應：「要求自己每天一定六點起床，醒來後在床上先看十五分鐘的書，至今已看完不少書。」

　　看來，忙是事實，但是，時間不是沒有，心不定恐怕才是關鍵。

　　而要能心定，可能又與自我管理的習慣有關。因為，要等萬事具備才能好好讀書，恐怕只是個偷懶、不想讀書的藉口吧！

　　再忙，也可以零存整付啊！譬如：搭捷運十分鐘、十五分鐘，可以看好幾頁；赴遠地出差時，刻意不開車，在火車上一、兩個小時，可以看個半本書吧！

　　而搭飛機看書，更是覺得時間過得很快。偶爾將吃飯、應酬的時間省一些下來，可讀點書，也可減肥啊！要不然，在家裡的許多地方或角落放書，譬如：客廳、洗手間、床頭等，隨時隨手有書可讀，也是製造讀書機會的好方式。

　　人，有時需要一些壓力，比較容易成事。當時間被壓縮，反而是激發創造力與潛力的時機；因此，忙與忙間，總有閒時，這時讀書，如同鑿壁偷光，不只效率高更讓書香滿溢。

　　忙碌的你，偷個閒，品品書香吧！

 心法　忙碌的你，別再找藉口了，善用「零存整付，積少成多」，不失為現代人偷閒讀書的可行策略；別忘了：點滴會穿石哦！

書的定位知多少

「書」是讀書會的「引子」，還是讀書會的「本體」？

會有這樣的疑問，是因為在實務運作中看到一些狀況：

譬如：依照進度今天是要討論第三章，大家也都帶了書來，輪到帶領的成員也用心準備，花了十五分鐘認真的導讀，介紹第三章的重點，接著，進行討論。

一開始，大家還對內容做一些釐清，過沒多久就因一個話題引起興趣，而進行熱烈的討論，於是，書被闔了起來，話題討論持續進行……，直到結束，未再對書本內容進行探討。

這樣算「離題」嗎？如果經常如此，還算是「讀書會」嗎？這之間，「書」的定位在哪裡？

嚴格說起來，只要討論的內容或主題與材料無關，就算「離題」了；人的思維很活，難免會有聯想或跳躍的想法出現，只要能回到內容或主題來，或者只要有些相關，都可以說是一種「延伸」式的討論，開拓內容或主題的廣度。但是，如果經常一開口或談一下子就跳離了原定的材料，那麼，「書」顯然只是引發話題的媒介了。

之所以會如此，可能是因為大多數成員對材料沒興趣或沒有適當準備與了解，以致不想進入討論或無法討論；也可能是習慣與能力的因素，譬如：隨性聊天慣了，一下子要有結構、

有邏輯的談，感到滿嚴肅的，一時轉換不過來，或者是想要好好討論，可是，不知道如何思考與表達，只好就用最熟悉、舒適的方式參與了。

面對如此狀況，帶領人就需要發揮催化與串連的功能，適時地將討論內容引回主題，拋出適當的問題或引個話題，幫助成員進入與材料對話的情境；而成員呢？也要建立「與書對話」的共識，時時提醒自己，也互相提醒，共同學習真正有廣度，也有深度的「與書對話」的習慣，扮演一位「有效成員」的角色，畢竟，讀書會是大家的，成敗收穫不是只靠帶領人，而是「人人有責」。

總之，如果只將「書」當作促發話題的「引子」，似乎有些可惜，若能將「書」與「成員」放在同等的水平上，好好把握機會，經由對話，相互激盪，必能有更扎實的收穫，也更符合參加讀書會的本意啊！

 心法 既然要讀「書」，就是希望能由其中有所得，因此，以對等之姿與書對話，才有機會進入作者的世界，開展個人的視野。

客觀理解嘗原味

　　前一則談到在讀書會進行中，若能將「書」的定位擺在與「成員」同等的水平進行對話、激盪，而非只是話題的「引子」，則更能享受讀書會的豐富與扎實。

　　其實，若從書的定位來看，還有一種讀書會是將「書」當作進行的「主體」，尤其是「專業讀書會」，甚至以鑽研經典為主的讀書會，也會常常將研討書的內容作為進行重點，其目的是欲透過書籍的研讀與討論，增加理解，提升自己相關知識的內涵。

　　因此，若不只是想將「書」當作話題的觸媒，希望由書的內容中挖寶，引起知性與心靈的對話，那麼，對內容的了解該是最基本的起步。

　　從小到大讀過的書不知凡幾，少則數百本，多則上千本，尤其在學期間，每天不是課本，就是參考書；問題是：那麼多是都是怎麼讀的？有求甚解嗎？還是依照老師畫的重點背起來就是了？

　　真正用心寫一本書是很不容易的，如果我們就囫圇吞棗或斷章取義的草草讀過，會不會太可惜了，甚至，有點對不起作者呢！

　　既然決定要讀某本書，就用一顆虔敬的心，暫時擺開可能
的成見，試著用客觀的態度去閱讀、去了解，也許觀點與我們
不同，甚至完全相反，也許所談的經驗滿特別的，甚至有些離
奇（如：《天使走過人間》書中作者談到的一些經驗），也試
著學習敞開既有的定見，先開放的接受，不急著批判或過濾；
因為，作者或書本並沒有要求或強迫你要讀它，而是自己的選
擇。所以，就先負責任、有耐心、客觀的了解內容在說什麼；
必要時，還可以探討其邏輯結構，進一步理解作者的思維理路，
以及某些觀點是如何推理出來的。

　　本著「客觀理解」的態度，讀出內容的原味，才能掌握住
重點；有了這樣的基礎，要再進一步質疑，甚至批判，就比較
不容易以偏概全或用偏見去誤解；而且，因為有足夠的了解，
在進行討論時，自然就有豐富的材料可以發揮，不容易離題，
也更能有焦點、有重心的交流了。

心
法

人是主觀的存在者，閱讀時要刻意提醒自己盡量先以
客觀的態度進行理解式的閱讀，才能品出內容原味，
了解實質重點。

自覺學習得真知

　　「讀書」對讀書會而言，是天經地義的事。

　　似乎大家對「讀書」都有共識，但是，如果詢問讀書會成員：「為什麼要讀書？」可能會出現哪些答案呢？

　　如果是要「欣賞文字之美，感受人生的縮影」，那就用一顆敏感的心去品嘗、體會作者的文采或邀遊於作者鋪陳的情感世界裡。

　　當然，也有人只是想「殺殺時間」，純粹把讀書當作休閒娛樂而已，那就隨意看看，不必刻意用心或用腦，只要愉快、不費力就好。

　　如果是想「獲得知識」，要由書中吸收資訊或學到些東西，就要用腦、理性的了解書中的內容，弄清楚作者要表達的訊息。

　　這種「求知」的需求，往往也是讀書會成立的原始初衷，因此，可以看到成員針對內容認真的探討，逐一釐清內文的意思。待告一段落後，開始進入與經驗的對話，譬如：討論到人際溝通時常犯的毛病有翻舊帳、唯我獨尊、界限不清等狀況，於是，成員熱烈的發表生活中見到或經驗到的相關現象或人物，大家說得頭頭是道，對他人的分析、批判更是有憑有據、一針見血，彷彿這些毛病在他人身上隨處可見，唯獨當下發表的成員都是「不沾鍋」的「溝通聖人」。

這是什麼樣的一種現象？這樣的討論又產生了什麼意義？

如果讀書有所得，將書中所說拿來批判別人，甚至以內容所述為「權威」來要求周遭的人，這是「讀書」的根本目的嗎？

孟子說：「學問之道無他，求其放心而已矣。」一語道出讀書為學的本意，就是將放掉的「心」找回來。因此，藉由讀書「獲得知識」，是「讀書」的基礎，如果只停留在這裡，有些可惜，如果藉此知識來評量他人，常常白費力氣。如能真誠的將所知及時與自己對話，藉由讀書會共修的力量，協助成員活在當下的自覺中，實實在在地檢視自己，並經由互相映照與回饋，培養內觀的能力與勇氣，漸漸地，「所知」才有機會轉為「真知」，「所學」才是真學習啊！

心法　如果讀書只重知識的獲得與累積，充其量只是「有知識的野蠻人」而已！人貴在有自覺，記得將所知反觀自照，由自我踐行開始。

 展開思考的翅膀

　　一群人閱讀同一本書，卻產生不同的結果：有人很快掌握重點，有人一知半解，有人很認真閱讀，卻不一定讀懂多少；這些狀況與理解力有關，而理解程度除了對該領域的基礎知識足夠與否外，又和個人的思考能力有關。

　　思考是人類的基本能力之一，每個人有其先天的差異，有人思考速度較快，有人慢條斯理；有人擅長邏輯推理，也有人是跳躍式的思考，當然，也有人會像停電般的突然腦筋一片空白，或者要想清楚某一點才能再想下一點，也有人點子多又快……。

　　然而，先天的不同，並不必然就命定了思考能力的高低，也就是說，思考能力是可以經由後天學習加以發展的。

　　而要發展思考能力的前提是：允許思考，以及有足夠的空間與時間去思考。

　　「允許思考」是指「思考」是「安全」的，不會因思考而有不良後果，亦即所處的氛圍是「可以」思考的，譬如說：「飯鍋裡有九碗飯，小華吃了九分之三，請問小華吃了整鍋飯的多少？」有小朋友回答：「三碗」，結果被打「錯」，因為標準答案是「三分之一」，如此教育的結果就是背答案才對，漸漸地就「懶得思考」了，因為，「不鼓勵」也「不能」思考啊！

　　「足夠的空間」則指各種思維方式、角度、層次，以及不同的想法都被接受與尊重，只要你願意思考，都有立足之處，不會被批判，不用擔心被排擠，海闊天空，展翅翱翔。

　　至於「時間」，是指「思考」需要「醞釀」的過程，而「過程」是需要時間的，否則，在忙碌的催趕中，時間是被「擠壓」的。所以，「沒有時間」往往也是思考的殺手，只好複製原有的想法或模仿他人的觀點；因此，足夠的時間是必要的。

　　總之，發展思考能力是要先製造「鼓勵思考」的氣氛，並在開放的思維空間中，不被催促，能夠自由自在的想像、推理，慢慢地咀嚼；有了這樣的園地，才能孕育百花齊放，百鳥爭鳴的種子，讓思考得以展翅高飛啊！

心法　有效閱讀的歷程就是不斷思考的過程，若要避免「死讀書」或「讀死書」，請讓思維海闊天空的翱翔，同時，也給自己多一些些的耐心與時間。

自律是定心法門

在一場有關閱讀的研習會上，談到閱讀的困境，引發眾多回應：

「書太多了，看不完。」

「許多書都沒看完就擱在那邊。」

「如果是工具書就不需要從頭看到尾啊，挑自己需要的部分看就可以啦！」

「是沒錯，問題是針對一般的書，總希望能完整的讀完。」

「有時是讀了幾頁後，發現沒興趣，就讀不下去了。」

「沒興趣的書要勉強讀完，太辛苦了，又不是要應付考試！」

「你的意思是：如果是合乎自己興趣的書，就不會有這樣的困難？」

「這倒不一定。」

「怎麼說？」

「有時是時間因素，像是比較忙時，只能偶爾抽空看一點，往往一耽擱就忘了再拿起來看。」

「其實有時是時間規劃的問題，零散時間要專注閱讀本來就有困難，因此，最好是安排一段時間，譬如找一段比較不會

被打擾的時間，專心投入的閱讀，每天有個三十分鐘，日積月累也很可觀啊！」

「有道理。可是讓我想起過去的經驗，每當要坐下來看書時，就發現桌子需要整理一下，於是，擦擦桌子，清清雜物，再倒杯水，時間又過了大半，唉……」

「所以，聽起來是『心』沒有定下來吧！」

「對，對，只要心定得下來，其實時間不是最重要的問題。」

「依大家的經驗，是哪些因素讓心無法定下來呢？」

「環境！」

「你指的是？」

「例如你正想讀書，可是鄰居卻開始施工，鑽孔聲魔音傳腦，很難靜下心來。」

「有時是桌面真的很亂，看了就心煩。」

「其實，太熟悉的環境有時反而是干擾，像我在家裡看書，有時就不自覺會東摸摸，西走走，因此，發現自己定不下來時，我就找一家較安靜的咖啡館，換個環境，效果就不一樣。」

「聽起來是與『自覺』或『自律』有關，如果是自己有意

願想看書，卻常常中途而廢，就檢視一下自己的狀態，是時間運用不善呢，還是環境不當？或者更根本的因素，會不會是內在的那顆『心』搞不定呢？」

　　的確，時間可以重新安排，環境可以更換，「心」呢？只能每一當下自覺的自我要求吧！

　　萬法惟心，唯有「自律」可以定心；而「自律」的根本源自「我」衷心的「願意」為自己的生命負責！

心
法

「心」是最難捉摸的存在者，有時可藉由外在的環境來「安心」，但是，別忘了根本功夫還是當下的自覺與自律。

 # 讀快讀懂有解方

　　幾位讀書會朋友相聚，聊到前一篇的主題「自律是心定法門」，大家又延伸出另外的內容：

　　「『心』定不下來的確是常見的現象，可是，就算『心定』了，還是會出現讀得很慢的困難啊！」

　　「還有會遇到讀不懂的情況，難道也是心不夠定嗎？」

　　「有可能是智能不足吧！」有人開玩笑地插嘴。

　　「讀得很慢會不會與閱讀習慣有關？」

　　「你指的是？」

　　「可能過去閱讀教科書時，擔心漏掉任何重要內容，於是養成鉅細靡遺，仔細慢讀的習慣。」

　　「沒錯，每次看書就會不自覺的字字咀嚼，怪不得有人稱這種方式叫『點狀閱讀』，怕漏掉什麼，當然就慢了。」

　　「還有可能是平時不常讀書，閱讀能力尚未培養起來。」

　　「有時候書讀得不夠多，如果常常讀書，量累積夠多，速度自然會變快。」

　　「其實有一種情況是快不起來的，例如很艱澀、很深奧的書。」

　　「對，如果內容很陌生，或文字不夠白話、不流暢，也只能慢慢讀了。」

　　「的確，有一些書若能先具備基礎知識再去讀就比較容易，要不然不只讀得慢，往往還會看不懂呢！」

「說到讀不懂，有時不是讀者的問題，像有些翻譯的書，是譯筆不順，要讀懂，很辛苦，若硬要讀完，更是折磨。」

「會不會有時是經驗或體驗的因素？」

「怎麼說？」

「有些內容是要有相關經驗或比較豐富的人生體驗後，才能比較了解它的意涵，甚至觸摸到作者的意境。」

「你們說的都有道理，我還想到一個是：理解力。」

「理解力？你是說我們說的都和它無關。」

「不是啦，我認為不管是讀得慢或讀不懂，都與理解能力有密切的關係。一般談讀書，可能只是指『讀過』而已，它需要基本識字能力，而要『讀懂』則需要解讀的能力，這可能牽涉到邏輯能力、思考能力、組織能力等；而要讀的速度快一些，效率高一點，可能還與閱讀方法有關，像是如何掌握整體結構，了解作者的思維脈絡，精確理解內容的重點等，這些都與能力或方法有關。」

「嗯，很有意思，要克服讀得慢或讀不懂的狀況，就讀者自身而言，有滿多可為之處嘛！」

若能習得有效的讀書方法，加上持續閱讀與體驗，必能增進解讀能力，屆時要讀快又讀懂，自是水到渠成。

心法｜閱讀所需的能力，包括：識字能力與理解能力，而要讀得快又有效，又與閱讀習慣與方法有關。

# 掌握重點方法多

「討論是讀書會的重頭戲，成員也都滿能說的，可是，往往談著談著就跑掉了；雖然談得很愉快，談的內容卻與所讀的材料無關……」，在一次讀書會的聯誼聚會中，有人聊起了這個話題。

討論會離題是讀書會最常見的現象之一，其原因很多，譬如：成員思維習慣比較鬆散、對所討論的材料不太有興趣或對材料理解有限等。其中一個關鍵要素是：對材料理解不足，包括斷章取義、表層了解、未完整閱讀，甚至是誤讀錯解了。

從小到大校內校外的書不知讀了數百上千本，各種課程也上了一、二十年，唯獨不曾被教到「如何讀書」，似乎假設學生天生就知道讀書方法，只要教會認字，就會讀書，就懂得抓重點；問題是：重點往往靠考前老師的提示，學生只是被動的記憶；久而久之，只學會「吃魚」，不太會「煮魚」，更不用說「捕魚」了。

所以，當讀書會要進行討論時，如果抓不到材料重點，也只能泛泛而談，不知不覺就離題了，因為，抓不到東西談，更不可能進入深入的討論。

那要如何掌握材料的重點呢？

如果將文章看過就明白文意，也知道重點是什麼，那就不需要方法；如果是看了半天也找不到重點，或遇到較複雜的內

容，一時釐不清要點，也許可以先練練幾個基本功：

首先，作者往往會將其重點用類似的文字重複的敘述，如：「……要時時與你為伴，……要不時翻閱……」；其次，同樣的字一再出現，表示作者要強調的「關鍵字」，例如：在《讀書會結知己》一書的六四到六五頁，「文字」此兩個字就出現九次；另外，可以由相關的「邏輯字」來判斷重點所在，如：「在……之前，先……」，重點是在「先……」的後面，又如：「雖然帶領人可以……，但是在過程中要……」，重點在「但是」之後。

還有一種方式是：如果要將此段文字刪掉，有哪些字是不能被刪的，意即那些字若沒有了，文意就變了或看不懂了。

這些基本功可以幫助我們較易找到重點，一旦能掌握到材料重點，就有基礎可以進行有重點而不離題的討論了。

心法　討論要能深入或不離題的關鍵之一是：能確實掌握材料的重點；因此，勤練找重點的功夫，是提升討論品質的重要基石。

 # 培養有效閱讀力

在一場「讀書會與圖書館關係」的研習會中，討論到圖書館在推廣讀書會方面可以有哪些作為，與會者認為：可以於館內組織讀書會，也可以舉辦讀書會帶領人的培訓或相關的聯誼、觀摩、研討會等，以進一步提升帶領與運作的品質。

在大夥兒談著談著間，一個想法浮出我的腦袋，回顧參與和推廣讀書會十多年來，深深感受到讀書會成員參與時的一大困境是：讀書讀了半天，如何才能精確的抓到重點，理解真正文意，甚至掌握整體樣貌？這樣的困境，不但影響討論的深度和體驗的深刻性，也減低了持續參與的動力。因此，我提出一個想法：如果要想提升討論品質，讓更多人感受到閱讀的樂趣，並由閱讀中得到知識與體驗的滿足，甚至要能帶動更多閱讀的人口，則要讓參與者具有進入閱讀世界的基本配備，那就是「培養閱讀能力」，亦即不只會閱讀，還能有效解讀。

由「閱讀」到「解讀」，這之中就不是只有「識字能力」而已，還需要懂得「有效閱讀」的方法。所謂「工欲善其事，必先利其器」，「閱讀方法」是踏入閱讀世界的基本配備與工具。圖書館若欲將「推廣閱讀、帶動閱讀風氣」視為重要的使命，則不妨將閱讀方法的介紹與推廣，作為推廣讀書會的基礎工作或策略之一。

　　至於「解讀」的內涵，則由最基本的「讀懂」，到最深入的「讀透」。

　　而「讀懂」至少包括兩個層次：「表層」與「深意」。前者指文字的直接意思，或一般直覺、想當然爾的意思，譬如：大家討論到「寬恕」的意義，咸認是指「原諒他人」；此時，如果能進一步去思考：「寬」指的是什麼？「恕」又是什麼意思呢？「恕」是由「如」、「心」兩個字組成，指的又是什麼呢？而「寬」與「恕」之間又有什麼關係呢？如果寬恕的條件是要能「放下」，那要如何才能「放下」呢？回顧自己的經驗，難以寬恕的障礙是什麼？……如此的探討下去，就是一種「深度的解讀」，才能讀出文字的深意，也才算真正的「讀懂」。

　　像這樣的解讀能力，是需要練習，也是可以培養的。如果參與讀書會推廣的有心人或機構都能在這方面加把勁，相信更多人提升其閱讀能力之時，也是全民素質與競爭力提升之日。

心法｜讀書的樂趣不只在表層的讀懂，更在深度解讀後的豁然開朗，期許自己能多用思考來細嚼慢嚥，讀出書中的好滋味。

層次提問的玄妙

四層次討論是依據人類思維的流（flow）
產生的，它的本意是協助個體與群體能更
順暢的進行思考，因此，要靈活運用才可
發揮其有效本能。

 # 有討論就有激盪

「討論」，就是讀書會的主菜。

有討論，就有刺激；有刺激，就有激盪，也就種下許多學習的種子。

如果大家都有備而來，對材料有充分閱讀與理解，坐下來就可以侃侃而談，那麼討論就不用費力。

如果成員都能靈活思考，也習慣在團體中發表看法，那要進行討論，也很容易。

如果成員彼此熟悉，容易引發話題而不易離題，或有離題卻能自覺回題，討論對他們來說，就是家常便飯。

親愛的朋友，你參加的讀書會是像前述的情形，還是經常要有人邀請，才有人發言，或者是有人發言，卻無法切入主題，或泛泛而談，甚至常常談一談就離題了，要不然就是你一言我一語，各說各話，沒有交集？

「討論」，需要「表達」，但是，只有「表達」，並不一定就是「討論」。

「討論」基本上是指針對一個主題或範圍發表看法，因此，「討論」可以說是「有焦點的表達」。如果不只要有熱烈的討論，同時希望討論的有內涵、有深度，那麼，討論的過程不只

是「說」，還要是「有回應的說」，也就是說，不只顧自己「說」，還要專心「聽」別人說了什麼，再對其看法加以回應，或據以發表自己見解與質疑，因此，真正的討論過程是一種「網狀」的互動，而不是「車輪型」的。

　　如果要有真正的「討論」發生，參與成員就要「活在當下」，將「心」放在討論的現場，將旁務暫置一邊，把手機關掉（若是震動，還是會干擾），專注做好眼前的要事；其次，將「心耳」打開，接收各種可能的聲音，包括順耳的、不同的，甚至相反的觀點；同時，啟動「靈活的腦」，將接收的內容與自己所知比對、整合，甚至轉化、創新，再用「巧妙的口」，將所聽、所思，誠心、善意的表達出來。

　　如果成員能夠「活在當下」的「打開心耳」，並「啟動思維」，「靈巧表達」，靈活討論的基礎動力就具足了。

 心法 ｜ 有效討論的基礎是要活在當下的專注傾聽，並經由善解後的真誠回應。

 # 打開思考的禁錮

「討論」是一種經由合作進行共同學習的方式，可以集思廣益，刺激思考，點亮盲點，釐清疑惑，並且能夠激發創新的學習內涵。

在讀書會中要進行討論，可以有許多方式，最常見的是由帶領人事先擬好問題，並於會前知會成員，請成員先行思考，以便與會時可以暢談深論；萬一不可行，就於現場發下討論問題或題綱，由成員據以發言或先分組討論，再小組發表，最後做綜合討論。

這種方式，讓成員不用自行思考問題，只要根據既有問題加以思索即可，這對不習慣自行思考的成員滿適用的，相對也可能限制了成員思考的空間。

另一種是請成員事前或當場根據材料內容，自行思考一些可以討論的問題，將之一一列在白板上，帶領者再針對問題帶領成員逐一澄清其問題的本意，並依原提問者的意思，將問題修訂得更明確；接著，將所有問題加以歸類，再共同決定由其中一類問題開始討論。

由於在澄清與歸類時，成員們已經開始對問題加以思索，因此，比較容易進入討論的狀況。

　　此種討論方式，很適合已有思考習慣、能力者，但對於不善於思考者，會滿吃力的；也許多做幾次之後，因為聽到許多不同的問題，將會激發出思問的能力。不過，有時成員提出的問題，若已偏離原討論範圍，卻未被提醒或處理，則可能出現討論得很熱絡，卻與材料內容無關的偏離狀況。

　　因此，若是要訓練成員的思考能力，不妨鼓勵各種提問出現，縱使天馬行空，也有打開思維禁錮的功能；但是，若要提升成員思維的品質，則於成員已經不害怕思考，已經能夠開放思考後，就要適時提醒，幫助成員學習緊扣主題或材料的提問，以期深化思考的內涵，精耕討論的深度。

　　不論是由帶領者提問，或由成員提問，只要能引發討論，帶動成員願意思考，能夠思考，都是可以嘗試的策略。

心
法

思考是引發討論的引擎，而提問能刺激思考，因此，善用提問是帶領讀書會討論的有效策略。

層次討論思維深 (上)

　　有效的討論，能讓成員當下切身體驗到討論前與討論後的不同感受和收穫，譬如：原本疑惑之處得到了解的線索；原來自以為了解的部分，因有不同的解讀出現，而能跳脫自以為是的主觀，接受比較多的可能；或者原來朦朧不清之處，因著互動、激盪，而被照亮，使自己可以進入較清明的境地；當然，更多時候是增加了許多沒想到或未知的內涵；經由如此的討論，不僅廣度擴增，思考的深度也被開發了。

　　能有這些功能發生，顯然是因為討論過程中思考的動力不斷運作所致，因此，要讓討論熱絡、順暢、有內涵，自然與能否促使成員活絡思考有密切關係。

　　那要如何協助成員順利思考呢？除了前一則介紹的方式之外，不妨也可以試試「四層次討論法」，它是由淺入深，按部就班的進行討論。

　　由於人的思考非常複雜，有時天馬行空，有時又很重邏輯推理，如何能將一群思考習慣、思維理路各異的眾人，匯集出一股可以持續討論的「流」，實際上是很不容易的，因此，如果能運用「層次思考」的結構，帶領成員一起「共思深論」，相信會有滿精采的過程與內容出現。

　　「第一層次」就是提問有助成員「熟悉與複習」材料的問題。亦即讓成員將自己對材料所知、所了解的很容易、很快地

說出來，一方面使成員輕易就能開口發言，建立參與的氣氛與信心，另方面經由大家你一言、我一語，很快將大家記得的內容複習一番，必要時，帶領者再做一些整理與補充；第一層次的問題如：「記得這一章在說什麼？」、「文章裡出現過哪些人物？」、「書中舉了哪些例子？」、「作者認為有效閱讀有哪些原則？」等，這些問題的答案都在材料裡，只要看過或記得，就很容易回應，因為是問一些成員已知或記憶中的問題，所以，成員開口的速度是快的，不需經過思考的。

　　這一層次的提問不只將材料做了複習，也幫助不熟悉材料或未閱讀者，有一個熟悉的機會，以做好進一步參與討論的基礎。此外，經由成員對此層次的回應，也可以很快了解成員對材料的熟悉狀況，如果大家回應得很快，帶領者不須問完原先準備的所有第一層次的問題，可以加快速度，進入下一層次的探討。

心
法

第一層次提問是讓成員無障礙的將所知順利表達，不只建立開口發言的信心，更能塑造熱烈討論的氣氛。

層次討論思維深 (中)

　　經由第一層次討論，對材料的「客觀內容」已有初步了解後，就可以往更深的層次推進。

　　「第二層次」是提問有助成員「回應與消化」材料的問題。亦即讓成員能將閱讀過程中，產生的感受、印象或想法，很直接的表達出來。如：「整章中讓你最感動的是哪一部分？」、「閱讀時有哪些心情出現？」、「這一節裡，讓你印象最深刻的是哪一句話？」、「整本書讓你印象最深刻的是？」、「當文章中提到 XX 時，當時你有出現什麼想法？」、「如果你是例子中的某人，你可能會有什麼反應？」、「想像一下，當媽媽知道實情時，她的表情可能是？」等等可以對材料立即回應的問題。

　　接著，可再經由概念消解、去角色化、易位、疑惑求解等線索，進一步提問協助成員消化材料的問題。如：「文中說『當修習善心』，什麼樣的行為與善心有關？」、「這些行為之所以與善心有關，是指什麼？」、「故事中以『戰馬』為例，是要說明什麼？」、「作者是如何推論出『人貴在能時時反觀內省』？」、「故事中狐狸表現了哪些個性？」、「具有像狐狸這些個性的人，你會怎麼說他？」、「古代的『廟堂』，相當於現今的什麼？」、「對內容有哪些不清楚的地方？」等。

　　第二層次是要引發成員開始稍微動動腦，以帶動參與討論的動力，同時，也是讓客觀材料即將轉化為主觀詮釋的重要樞紐。因此，若能對材料有充分的回應與正確、翔實的解讀，將有助於之後深入與豐富的對話。

　　「第三層次」是提問有助成員「詮釋與驗證」材料的問題。就是延續第二層次的回應內容，繼續加以探討，包括：闡述觀點、說明理由、質疑挑戰、與他人經驗或自身經驗對話等有助擴大思維與深入思考的線索。如：「有關作者對智慧的看法，你個人的觀點是？」、「某一句話讓你很感動，是觸動到你的什麼？」、「你最欣賞某個角色，多說一些你對他的看法。」、「針對剛才的討論，有誰有不同的看法？」、「對作者的論點，你有什麼不同的見解？」、「在你身邊有誰有類似文中某某人的經驗？他有怎麼樣的表現？你由其中有什麼發現？」、「你自己有什麼類似的經驗？」、「什麼情況下你也曾有類似的反應？」、「當時你的感覺或想法是？」、「你現在會怎麼看待那樣的狀況」等。

　　此層次能引發成員豐富對話，經由彼此互動，激發出更多元、異向的內涵，因此，需要較多的思考，個人表達時間會較

長，彼此間可能會有精闢的對話或深度分享出現；必要時，帶領人可以運用組織、推拉、反思等技巧，強化討論的密度與張力。

人的內在非常豐富，經由適當刺激，將引發與材料深廣的對話，因此，第二層次是啟動第三層次的重要引擎。亦即，若能對材料有足夠的回應與消化，自然會激發進一步探討背後的見解與相關的經驗；而這層次的流動，常常是相互往返，逐步深入的。

心法

第二層次著重感受的回應與對材料的理解和消化，討論能否漸次深入、豐富，往往與第二層次是否夠扎實有關；而第三層次是經由第二層次的引發後，自然發展進入更具思維內涵的詮釋或回歸體驗性的見證式對話。

 # 層次討論思維深 (下)

　　讀書會的討論內涵，除了追求不同角度的寬廣、豐富外，也可以加強深度的探討，以使豐富的內容密度更高。經由第一層次的「熟悉與複習」材料，第二層次的「回應與消化」材料，與第三層次「詮釋與驗證」材料後，必然激盪出許許多多的內容，引發成員觀念上、經驗上的相互對話；此時，需要的是將這些寶貴的對話內容，沉澱、淬鍊出內在的精華，這就進入第四層次了。

　　「第四層次」是提問有助成員「活化與深化」材料的問題。就是將第三層次探討的觀點、經驗等內容，加以整理，由其中找到可以運用到生活中的要點與自我提醒之處，或者進一步深探，共思討論內容背後的思維，以及思維內在共同的價值，甚至與人性矛盾或掙扎之處，以探求蘊含在其內的真理。也就是說，第三層次的討論內容，進一步與材料內含的意義，再一次深入對話，以便增加對材料的理解深度，以及對自身生命的敲扣，進而產生更深刻、切身的體悟，甚至可以落實、踐行的法門。

　　第四層次的提問線索，包括：整理、應用、提醒、發現、收穫、心得、啟示、挑戰、掙扎、學習、洞察、體會、體悟、應許等有助省思深義，或轉化學習的問題。如：「經由以上的討論，你聽到有哪些探討的重點？」、「哪一個部分是你回去

可以運用的？你會怎麼用？」、「當你要將本日所學用，可能
會遇到什麼困難？」、「這些困難背後的挑戰，會是什麼？」、
「面對可能的挑戰，你會如何自處？」、「今天的討論，你對
自己有什麼發現？」、「用一兩句話，說說今天的收穫。」、「談
談對今天討論的感受或心得。」、「針對本次的探討，你要提
醒或告訴自己的一句話是什麼？」、「經過討論後，你對材料
的理解或體會有什麼不同？」、「你認為材料背後要表達的意
義或價值是什麼？」、「如果請你為本日討論的材料重新取一
個題目，你的標題是什麼？」、「如果作者在現場，你想告訴
他什麼？」等。

　　以上的提問與探討，就是要將討論的內容加以凝聚，深探
貫穿其中的真義，並回扣材料的內涵，激發生命與材料內蘊真
理的共鳴與踐行的動力。

　　總之，第四層次是要引發進入人性深層的探討，協助成員
與自己內在或真理做真誠的對話；過程中，可能會有靈光閃現
的喜悅出現，也可能會有反思、批判的掙扎；進行的步調可能
會緩慢、沉重，但有深度，或是豁然開朗後的輕快，更多時候
可能是：豐收的滿足，無窮的回味！

心法　第四層次是與內在深層或真理對話的境界，它是將成
員的生命知見與材料內蘊的核心價值進行深度對話的
過程，這種境界有時是可遇不可求，勉強不來，而它
的深度永遠是止於至善的。

討論是匯集成流

　　前文介紹的「四層次討論法」，是一種基本的討論方法，它可以運用在各種討論情境中；同時，一個熱絡、豐富、有內涵、有深度的討論，必然是合乎四層次架構的原理。

　　由於人的思考有時跳躍，有時沉潛，因此，當一群人聚在一起討論，如果能協助他們按部就班、循序漸進的思考，比較不會只停留在各說各話的「獨白」階段，而可以進入「有你有我」的「對話」情境，進而產生「集思廣益」的「討論」狀況。

　　而要能夠如此的「對話」與「討論」，就要幫助參與成員能由「具體」開始，漸漸推向「抽象」，由「簡單」一步一步導向「複雜」，從「淺顯」慢慢走入「深奧」，也由「熟悉」漸漸進入「陌生」；這也就是「四層次討論法」的基本思維原理與過程，因此，「四層次討論」可以說是由「客觀性問題」談到「映照性問題」，接著討論「詮釋性問題」，最後進入「深探性問題」的探討。

　　由於有結構保護，使得討論過程不易渙散，也讓思維過程有跡可循；這對參與成員和帶領討論的人員，都很有幫助。因為，它讓成員和帶領者皆能清楚自己和他人，以及團體目前思考的「流」走到哪裡，接著可以往哪個層次走，而不會只停留在表層熱鬧而空泛的談論，不知該如何深入討論下去。

　　如此有結構性的層次討論，在實際進行時，並不是「直線

式」的進行，也就是說，實際的討論並非完全依照第一、第二、第三、第四層次的直線順序進行，而是比較像「螺旋式」的過程，亦即可能是由第一到第二層次，又會回到第一層次談一談，再進入第二層次，接著進入第三層次，在第三層次討論一些後，可能又會回來上一層次談談，再進入第三層次討論，最後再談到第四層次。

這是由於成員彼此思考步調不一，無法整齊一致的齊步走，必要時需要迂迴的前進，才能彙整個別的思維，匯成集體的「意識流」，繼續往前走；另外，有些材料必較複雜，需要先就其中某個部分進行探討，譬如：先針對某一段或某一觀點進行一、二層次的討論，再就另外一段或另一觀點進行一、二層次的討論，俟主要內容都談了，再就內容重點進行第三、第四層次的討論。

總之，「層次」的目的是協助思考更順暢，讓思考的「流」不被切斷，因此，要因應團體的「意識流」，靈活運用，以達討論過程一氣呵成的境地。

心法｜四層次討論法是依據人類思維的「流」（flow）產生的，它的本意識協助個體與群體能更順暢的進行思考，因此，要靈活運用才可發揮其有效本能。

 # 能開放才有討論

運用「四層次討論法」進行討論，是否每次一定要進行到第四層次？是否每次都能談到那麼有深度的第四層次？

理想上，能探討到第四層次是最完美；而實際運作時，於有限時間內，只要盡心盡力，能談到那個層次，都算完成。尤其有些比較抽象、深澀或較具象徵內涵的材料，能在第二層次將材料理解、消化，弄懂文意，也是很有收穫的。也就是不用為了四個層次而四層次，將之全部匆匆走過，變得囫圇吞棗，失落了層次漸進、扎實探討的本意了。

譬如：有一次討論《佛光菜根譚》的四句話：「多言取厭，虛言取薄，輕言取辱，失言取怨」，大家針對每一句的意涵仔細推敲，沒想到每句話都激發出豐富且具深度的內涵，而非只是字面的解釋而已，光是這第二層的解讀材料，就用了一個多小時，大家直呼過癮。雖然沒有時間好好與經驗深度對話（第三層次），也來不及深探此四句話背後的共通真理（第四層次），但是，大家已經感受到滿滿的收穫，直呼：「不可思議！如果讀書都能如此力求甚解，不只過程有趣，也必能深耕智慧的種子啊！」

這種討論方式要能產生如此的魅力，最好是成員都熟悉此種思維方式，或者都具有靈活思考的能力與習慣，同時，也有

探求深度理解和追求真理的耐心；萬一成員還未具備這些條件，就要靠帶領討論者的功力了。亦即帶領人先試著用此方式帶領大家討論，由不斷的實作中體驗與磨練，不但可以歷練帶領討論的功夫，也可以培養成員有效思維的能力，進一步提升整體討論的內涵與素質。

「討論」之所以有意義，很重要的是：討論前沒有人的答案是唯一的真理，每個人都可以有自己的想法，包括帶領人事前的準備，也只是可能的答案之一，因此，人人抱持開放的態度，願意聆聽與接受他人和自己同或不同的論點；因為願意開放，就有空間容納，尤其是帶領人，更要提醒自己廣納八方之音，才能協助成員整理與整合，並由其中製造提問的線索，刺激成員轉化與超越。

總之，「討論」之所以可能，是在每一層次的討論中都能用「開放」去迎接所有的內容。

心法｜能否有真正學習的關鍵之一是：我的心態是封閉或開放？而試著提醒自己以開放態度面對可能的發生，就是開展學習的起步。

 # 縮短過程有訣竅

　　有些人學了四層次提問方法後，就很認真地照著層次一題一題的問，結果變成「問與答」，感到很挫折，也發自己被層次框住了，似乎施展不開……。

　　學習方法總是由「有樣學樣」開始，這種模仿階段的表現通常是生硬、彆扭、不自然的，可是，這畢竟是個過程，無法省略。

　　「無法省略，難道不能縮短嗎？」，「應該可以吧！如果不能縮短，那人類的進步就非常有限了。」

　　學習一樣方法需要有一些較具體的步驟、規則，甚至是口訣可循，這些就是該方法的「形」，讓初學者可以較容易入門，譬如：四層次提問由「客觀層次」、「映照層次」到「詮釋層次」、「深探層次」，共有四個結構，這四個結構就是具體的「形」；而每一個層次都有其在討論過程中的功能，也有其催化意識流動的思維目的，這又是方法背後的「神」。亦即任何方法都有它看得到，容易上手學習的部分，也有看不到卻很重要的部分，前者屬於「招式」，後者則是「精神、意義」（人間佛教讀書會將四層次提問法稱為「聞、思、修、證」）。

　　初學者會有一些狀況出現是可以理解的，例如：難免會將心力放在區辨四個層次間的不同，甚至會為某一個問題到底該屬於那個層次而爭論不休；有時也會遇到第一層次連續提問十

多個問題，而未察覺成員已經很不耐煩的場景等，畢竟練功是持續的過程，只要不斷練習就會有進步、提升的一天。

但能不能讓過程更有效一些？讓時間更縮短一點？

如果只注重「形」的琢磨，頂多練到「很熟練」，也只是在「技術」的層次，要有所突破，一定要去了解「形」背後的「神」，要在每次的演練中用心去「體會」具體方法背後的主要用意或根本目的；譬如：「客觀層次」提問的目的是協助成員熟悉與複習材料，當你問了幾個主要問題後，發現成員回應都很快、也很多，也顯現大家對材料都已經很清楚了，此時，就要趕快進入第二層次的討論，而不要緊守著其他第一層次的問題，非問完不可，畢竟提問的作用是協助成員順利進入討論狀況，促發流暢思考，只要成員們能主動開口，對材料也熟悉了，就要順著群體的意識流往前走。

有志學習四層次提問的讀書會朋友們，在你勤練每一層次要如何提問時，別忘了也多留意該層次的「神」及它與整體討論的關係，畢竟「討論」是個完整的過程，而非切割片段的組合。

 心法｜學功夫難免急著要學成「出師」，若要縮短時程又能扎實，在勤練基本功時，不妨多體會每一招式的原意。

 靈活運用四層次

　　討論的進行是一個連續的狀態，它是一個想法帶動另一個想法而形成一波波意識流的過程，因此，討論的完成是一種整體的呈現，而非片段、切割的組合，同時，也因是經由發展而完成，討論更具有動態的特性。

　　「動態」意味「變化」，會變化就表示有其不可掌控性，但是，討論又需要有方向性、有範疇或有主題，因此，可以藉由「四層次提問方法」引導成員經由有次第的過程較順利的思考，並引發討論內容多元豐富，由淺到深又不離題。

　　既然討論過程是變動的，成員思維歷程是流動的，我們在運用「四層次提問」方法時，也要靈活「應變」。

　　四個層次是個基本結構，它由「客觀層次」到「映照層次」，進入「詮釋層次」，最後發展至「深探層次」，是一種循序漸進的過程，代表如果能如此思考，會較容易，也比較能順利進入較有深度的探討，因此，在討論過程要本著層次問題的關係，按部就班的運用。

　　那麼是不是一定要先將第一層次問題都談完才能談第二層次問題呢？

　　有時會發現：很「乖」的將第一層次都問了，卻有一種「問與答」的單調感，很制式化，甚至有些尷尬。

　　的確，問題能刺激思考，而人的思考是靈活的，你問了第

一層次的問題，我可能出現很多想法，或者某人回應的內容可能激發出我有一些看法想說，而這些被引發的內容並非第一層次的，如果未能即時表達，思緒可能就斷掉了；可是，如果任由成員想到什麼就說什麼，是會激發出很熱烈或很熱鬧的場景，也很可能會變成各說各話，甚至形成許多二、三位小組私下交談的嘈雜場面，或慢慢就離題而無法回到主題探討。因此，靈活的討論帶領人就要敏察現場成員的思維意識狀態，能先順其流去談一下，再引回主題與適當的層次來接續討論。

這樣的功夫就是說：在實際進行討論時，層次間的關係並非只能直線式進行（第一層→第二層→第三層→第四層），而是一種「螺旋式」的進展。由第一層次某問題可以接續相關的第二層次問題，接著回來第一層次；同樣，第二層次某問題談一談也可能進入第三層次的探討，再回到第二層次來，而三、四層次間也可能會依討論情況來回交錯，這就是讓討論的「流」能「順」，能漸次的深入。

四層次提問只是個工具，工具是讓人方便的，因此，要靈活的運用才能發揮工具的效能。

心法：工具是手段不是目的，四層次提問是引發有效討論的方便之門，參與討論的「人」能由討論中有覺察、有學習、有成長才是討論的目的。

 # 深探方法之玄妙

「有樣學樣」是學習「方法」最常見，也最容易入門的策略。學了之後就開始依樣畫葫蘆，在熟練化的過程中，為了忠於「原樣」，會進入「精微」的雕琢，依著自己所知的「樣」，不斷進行細節的計較或校正，不知不覺中，似在展現方法的形貌，卻可能已漸失原味，而致「走火入魔」之境於不自覺。

就像學習四層次的提問方法，初聽聞此妙法，如獲至寶，於是勤練四個層次。為了分辨問題層次，認真而執著的字句斟酌，甚至發生依據四層次教材內容的說明，各自詮釋，而不惜面紅耳赤的爭辯。如此熱烈的學習，滿刺激也不失激盪的樂趣，同時，也對層次產生釐清的作用。

但是，凡事過猶不及，如此雕琢一段時間後，對四層次的新鮮感不再，漸漸有些成員覺得為了要有精準的提問，需要花如此的工夫，滿麻煩的，因此感到不耐，不想用了；甚至有些人覺得「四層次提問」不過如此嘛，就是幾種問題一直在反覆玩而已，有沒有更新鮮的方法？於是，又開始去追逐「新」的方法。

學習方法的歷程是需要由具體的「形」開始，例如步驟、模式、公式等，但是，若只專注於這些有形工具、技巧的鑽研，終致走入「雕蟲小技」的窄路，限於瓶頸，甚至動則得咎，於

是最常見的脫困策略就是棄之不用。如果學習方法都是遇困則退，那就只好重複皮毛、膚淺之學了。

任何有形的方法如果能用、有用、好用，必有其奧妙的道理，而這奧妙的道理只是藉由某個容易接觸的形式、工具，讓初學者有跡可憑，同時，也讓妙理有機可現，因此，學習方法一段時間後，若能接著探討其內蘊的原理、精神、真義與價值，才算真正開始進入此法的堂奧，進一步深探與體驗其玄妙，也才有機會將方法內化，進而靈活運用，隨機創發，隨緣自在。

因此，如果你對四層次提問已有了解，也運用一段時間後，不妨想想：四層次的好用在哪裡？層次間有什麼關係？如此安排有什麼道理或學理？與人類的思考歷程有何相關？如果討論的過程缺乏層次內涵會如何？經驗中成功或無效的討論與此四層次間有何關係？討論過程不順或狀況發生，由層次原理來看。會有什麼發現？

我在帶領時，是只在乎設計的問題，還是以現場成員的意識流動為本？這個妙法與參與者之間的關鍵關係是什麼？若要活用四層次提問、討論，最根本的精神與原理是什麼？討論過程，我有哪些狀態干擾了與大家的意識流動在一起？如果討論

很熱烈，卻無法深入，可能是哪裡「卡」住了？四層次的思維
如何內化在生活中？

　　當你真正思考這些問題，也由體驗中去提煉其精華，相信
你無形中已漸跳離「形」的執著，開始咀嚼此基本討論方法的
奧妙，享受萬變不離其「神」的無形之「形」。

 心法　學技術為求精確，難免會很仔細的琢磨，以致不自覺
地進入鑽研「精微技術」的死胡同，而忘了抬起頭來
綜觀：萬法皆是以「成就人」為本。

輯 4
活化討論的法門

　如果你想參與的討論不是「一言堂」，而是「異言堂」，想要「成長」而非參加後還是「原樣」，就請將自己的心打開，用心聆聽，虛心接納，積極表達，如此，讀書會的討論將會是一場「成人成己」的聖會！

由角色對話開始

　　某企業最近共讀一本有關團隊運作的書，於討論後的回饋時，成員表示：「沒想到可以這樣討論，原先自己閱讀時，只是看過去，對內容及劇情發展沒有整體印象，經過討論清楚多了！」

　　另一個團體則討論一本有關「問題思維」的書，在結束前的總回饋時，帶領人有些無奈地說：「沒想到大多數人都沒看書，雖然我對書中的主要概念作了說明，可是，大家好像還是沒抓到作者的意思，滿難討論進去的。」

　　雖然這兩個讀書會所讀的書不同，但是，有一個共通點：都是經由故事鋪陳來傳達某些管理的概念，不像傳統平鋪直敘的內容會將概念做詳細地解說，而是經由事件、對話的穿插，將抽象的觀念內蘊其中。因此，若對故事發展不了解，而想要直接、清楚的界定某些概念，是較困難的。

　　以故事呈現材料，有幾個基本要素：角色、事件及背景，如果是管理類的書，還會有作者欲傳達的「管理概念」。

　　「角色、事件及背景」是具體的，「管理概念」是抽象的。前者有畫面，會產生感受，容易討論；後者則天馬行空，加上成員若沒看書，不了解概念產生的背景基礎，自然只能望文生義，各說各話。因此，若能由角色開始討論，自然會引出相關事件，並由其中探討出角色間的關係，以及事件的影響。

　　例如可以提問：「記得書中有那些人物？」、「說說對某個角色的印象。」、「談談每一個角色的狀況。」、「角色甲有什麼改變？」、「主要的幾位人物分別有哪些貢獻？」、「這些貢獻產生什麼影響？」、「角色甲與角色乙之間有什麼關係？」、「他們是怎麼互動的？」、「故事中的先生由太太的反應中發現了什麼？」、「教練丙由某意外事件中省察到什麼？」、「這些人讓你想到生活或工作中的誰？」、「你平時的表現比較像故事中的誰？」、「別人眼中的你可能較像哪一位？」、「你希望自己是故事中的哪一位？」、「讓他們由谷底上升的主要因素有哪些？」、「有哪些話語令你滿有感覺的？」、「哪句話讓你覺得滿受用的？」等等。

　　由角色與文句切入討論，除了較易引發回應外，也可幫助對材料不熟甚至陌生的成員，漸漸進入狀況。有了具體的故事基礎，接著再進行相關概念的探討，就比較能由了解作者的本意出發，漸漸進入較深度的討論，如此一來，團體的動力才能順暢、扎實，緊扣主題的往前發展。

　　當你們的讀書會有機會討論此類書籍時，不妨試試由角色、對話與劇情開始。

心法　有時準備太多，想要全部分享，反而成了一種障礙，因此，認真準備的帶領人於現場時，要能「知止而後定」，「定」而後才能知所進退的「動」。

覺己知人高品質

在一場讀書會實務研討會中，成員們針對參與討論的經驗提出探討：

「讀書會的討論需要得出一個結論嗎？」

「不用吧，又不是開會！」

「這樣會不會變成各說各話？」

「也有可能。但是，如果彼此都願意先聆聽他人的看法，再據以回應或延伸出更新的觀點，應該不會產生各說各話的現象吧！」

「也就是彼此之間都有連結的關係，一個鉤一個持續發展下去。」

「討論過程能夠如此進行真是太棒了！問題是：有時遇到彼此意見不同，談著談著氣氛漸漸緊張，甚至有要吵架的味道出現，怎麼辦？」

「討論不就是要引發不同看法出現，相互激盪才精采啊，怎麼會演變成對立、爭辯，甚至不歡而散呢？」

的確，討論的前提就是「允許不同」，歡迎各種角度與深度的觀點相互交流。但是，在實際的討論過程中，人人呈現「主觀」的意見，卻又看不到自己主觀的侷限，以為自己是客觀的，而且是「正確」的，以致於一旦遇到與自己看法很不同，甚至

相反的意見時，就會不自覺的防衛自己的「正確」，尤其是感到被挑戰時，自然會有不舒服、生氣、難過等負面情緒出現。

其實對方只是對我們的「觀點」有意見，可是我們卻誤以為他對我個「人」在做批評，就會起而為自己辯護，如此一來一往就很容易演變成對「人」而非對「事」。

每個人的觀點都受過去所學與經驗影響，它會點滴形成個人內在的認知系統，亦即我們都存有許多「思維假定與概念」〔此觀點可參閱英國物理學家、思想家 David Bohm《論對話》（On Dialogue）一書。〕在影響著我們表達的內容，因此，若要避免衝突出現，可以學習在討論中運用「暫時擱置己見」的策略，先覺察與省視自己的看法及背後的「思維假定」，接著暫擱一旁，打開耳朵，讓心靈有空間去了解、澄清對方的想法與其內在的「思維假定」。

討論過程其實不是要證明「真理」在我這邊，而是要去關注彼此是否朝向「互相了解」的方向進展，這就如同《論對話》一書中說的：「對話真正關注的是意義，而非真理。」

下次再遇到即將與人發生激烈爭論時，趕緊提醒自己：覺察、擱置、聆聽、了解，再做回應。果能如此，彼此的關係與討論的品質將有不同的風貌。

心
法

人貴在有自覺意識，討論時若能覺察當下狀態，並將己見暫時擱置，才能建構願意了解的對話場域，也才會有高品質的討論出現。

知彼定己好討論

　　洪建全基金會舉辦的「建立讀書會帶領新模式」，由我帶領與會成員討論《性別就是空間》一書。會後有人問道：「一次要討論一本書，怎麼進行？」、「今天的帶領人似乎未針對某些觀點深入探討，是有什麼考量嗎？」

　　的確，一次要討論完一本書是高難度的挑戰，尤其時間又是非常有限（如：此次只有五十分鐘）時，因此，需要考量許多因素，再選擇適當的進行方式。

　　如果成員皆熟讀內容，且經過思考、整理，加上可以討論的時間有二至三個小時，是可以先做整體略談，再針對幾個主要重點做深入探討。

　　一般常見的不錯狀況是：大多數成員都將書大略翻過，約一半以上成員看完整本書，少數成員則認真精讀、思索，因此，討論工作就有幾種可能：

　　第一種是將整本書當作一個整體，不分章節，拋一些線索引出成員的話題（如：「哪一部分印象最深刻？」、「作者主要的論點有哪些？」、「閱讀時有哪些心情出現？」等），進而根據成員們的思維，順流進行與書本內容、與成員所知或相關經驗對話。

第二種是根據貫串整本書的主軸來進行討論，如：帶領人認為某書的核心主軸是「性別平衡」，則以此來提問與探討；當然，如果成員不盡然認同此主軸，則會衍生出其他火花。

第三種是以書中的某一部分為重點來討論，至於是選哪一部分，可以由帶領人決定，也可以由成員在現場決定，若採後者，帶領人事前要有更周延的準備。

如果時間充裕（譬如有三小時），則可以採地毯式的逐一主題研討，最後再做一個綜合討論。

此外，帶領人的定位，可以是一位客觀的工具人，拋出一些中性線索，刺激成員提出對內容的看法、感受，引發討論，如：「記得有哪些例子？」、「這些例子要說明什麼？」、「有哪些內容引起你的共鳴？」、「作者的觀點有哪些與你的想法相同？」、「有哪些與作者不同的看法或經驗？」、「書中有哪些觀點對你是新的？」、「你想質疑或挑戰作者什麼？」、「你認為整本書的核心理念是什麼？」等。這些提問不牽涉到立場或觀點，因此，可以說適用各種書本內容。

另一帶領角度，是針對書本內容的觀點提出不同角度的線索，來刺激成員多元的激盪，如：「作者認為同工就應同酬，

不應有性別、年齡，甚至年資的差別，你認為這樣公平嗎？」、
「書中提到：提倡『彼此尊重』的高調無法解決種族歧視，應
針對現存問題具體改善，必要時採取激烈抗爭也是可行策略，
你認為呢？」等。這樣的問題就要因應不同內容、主題而個別
設計。

　　帶領討論有許多可能，只要能了解可使用的時間、成員對
內容研讀情況及確定帶領者自己的定位，就可以進行一場最適
合的討論了。

 心法

一本書可以有不同的討論模式，需要先考量客觀的條
件，如：時間、成員閱讀情況、目的等，再依自己的
定位，選擇最適當的模式。

心思若在暢其流

　　為了讓討論熱烈、豐富、順利，輪到負責帶領討論的成員，一般都會認真準備，除了熟讀材料外，還會精心設計問題，以刺激成員思考，帶動對話的動力。

　　淑勤依照四層次提問法，非常用心的設計了二十多個問題。剛開始，進行「熟悉與複習材料時」，還滿順利的，接著進入「回應與消化材料」時，狀況出現了：成員回應的內容不是與淑勤預想的不同，就是出現比較深層次的經驗或觀點，她開始有點慌了，不知是該順著流走還是依照自己的題序進行，若依前者，擔心隨波逐流會更亂，於是，回到原先設計的問題繼續提問，而場面也變成一問一答，氣氛單調了，整體的「流」無法形成。

　　新手上路，難免提心吊膽，戰戰兢兢，當下最保險的反應自然是採取「顧本」方式，就是將原先設計的問題問完，而顧不到成員的反應與整體意識的流向。這是帶領討論過程中常見的兩難：既希望過程流暢，又不要因順流而離題。

　　一次討論的過程，能完全依照帶領者設計的問題順利進行，幾乎是「奇蹟」的機率，因為人的思維可以被影響，但是，很難完全被掌控，因此，帶領者面對事先準備的題目，最好是抱持「可能備而不用」，但求「心安」的態度，而將心思放在當

下實存的「發生」，提醒自己用「在」和「跟」兩項基本心法去自處與面對。

所謂「在」是指：人與心都要在「現場」，亦即「專注」於此時此地，與團體真實的「同在」，而非只有「人在」，「心」卻擱在自己準備的「問題」裡，只盯住接著要問的問題。而「跟」是指：與「團體意識」同行，清楚感受到、了解到團體動力的流向與狀況，而非讓團體自己走，帶領者只做旁觀，或者忽略，甚至漠視團體的思考走向，而岔開出另一自己預設的方向，以致與團體間形成殊途、脫離的狀況。

「在」是「跟」的基礎，能「在」才有辦法「跟」；「跟」是「在」的延伸，因團體是動態的，每一個當下的「在」，就自然產生「跟」的可能與動力。

「在」與「跟」是當下的工夫，而設計提問是事前的工夫，只要用心準備過，就已經存在於內心與腦海中了，不會消失的，因此，請大膽的活在「在」與「跟」的狀態，必要時，原來準備的「問題」就會自然的浮現或巧妙地轉化為適用的線索。

相信自己，在乎成員，討論的「流」就會找到適當的出口，自然湧現！

心法　討論是一種實際的「發生」，唯有與「發生」同在，才能與「團體意識」同行，進而予以適當回應與激發。

 打開善解的雙耳

「聆聽」，簡單的兩個字，要做到，真的很難！

陳怡安老師在《每日生命對話錄》（洪建全基金會出版）中談到溝通的核心是要經由「聆聽」，先將對對方的了解正確「回應」給對方，再做自己意見表達，而非一味地述說自己的想法；亦即有效溝通的基礎是要先了解對方，而「回應」的內涵是先表達對對方的了解，能正確、完整了解的「聆聽」與「回應」，是有效溝通的不二法門。

某次讀書會中，大家針對上述內涵做了熱烈的討論，也對陳怡安老師的觀點起了很大的共鳴；接著就討論書中另外一篇現代通訊工具對日常生活的影響。其中談到手機的干擾造成經常無法「專心」的做事、談話。有人舉例說：「如果你的孩子一邊讀書一邊接手機，你會有什麼反應？」有人表示會制止，有人則會將手機暫時保管。接著那人又問：「如果是你自己正在與人談話或看書、做事，手機響了，你會接嗎？」「當然會！」大多數人幾乎異口同聲的表示。此時，有人插話：曾有孩子表示要一邊看電視一邊讀書才讀得下去，也有孩子雖然邊看書邊接電話，成績還是很好；所以，接不接手機不一定會影響成績或讀書效果。

這時，話題有點接不下去，因為插話者表達的是：邊講電話或看電視不一定會影響成績或效果，而原舉例者想表達的是：

大人顯然認為接手機會「分心」，所以不讓孩子接手機，但是，自己卻會打斷手邊的事或人去接聽，這到底是雙重標準，還是認為自己能同時分心又專注？

雖然，幾分鐘前才討論過：「回應」時要先掌握對對方的了解，而了解的基礎就是「耐心」的「聆聽」；但知道歸知道，常常還是直接急著發表自己想到的，以致未能對焦，甚至不知不覺就漸漸失焦、離題，造成無法深入討論。

看來要由「知道」到能「做到」，恐怕還要花一番工夫的。這個工夫就是「提醒」！

「提醒」包括：他人與自己。前者最方便的機緣就是在讀書會討論過程中，建立彼此願意相互即時提醒的共識，只要有成員出現「不了解」的回應，或有離題的表達，任何發現的人都有責任與權利當下反應，為的是協助彼此精進有效「聆聽」的能力與態度；而後者，就要靠自己當下的覺察，持續有意識的提醒自己，以及會後回顧、反思自己剛才的表現，檢視自己聆聽的品質。

「聆聽」，就是修得一雙「善解的耳朵」，雖不容易，卻是一輩子值得精進的每日功課啊！

心法｜溝通中，人人都期待被了解；與其希望對方能了解我，不如先將心與耳打開，好好聆聽對方，建立善解的關係。

「串」的功夫很重要

　　討論時最擔心的是沒有人說話，如果是大家踴躍發言，甚至搶著發表，那當然是求之不得，問題是：討論不是聊天，除了熱烈發表，還要言之有物，同時也要避免談著談著就離題了。

　　因此，當大家進入了熱烈討論的狀態，身為討論帶領人就需要善用「串」的功夫，來協助討論的「流」在豐富中扎實的發展出更有深度的內涵。

　　「串」的功夫指的是：「將成員們所發表的內容適時加以連結與整理」，這是在討論進行中具有相當重要功能的一項技能。

　　譬如：經由歸納，讓成員有機會釐清與了解，至目前為止大家討論的內容，有哪些相似的看法與不同的意見；由於在討論中成員較注重的是自己的想法，關心的常是待會兒我要說的內容，而不太會去在意他人的觀點或整體討論的內涵，因此，適時「串」一下，將大家發表的內容加以組織，讓成員們有機會停下來了解整體狀況，以便調整腳步，再次出發。

　　此外，每位成員的思緒、步調可能不同，有人往東，有人偏西，有人思考速度跳得很快，有人跑得較慢，經由「串」的過程，讓慢者跟上，快者稍緩，彼此步調、方向有一整編的機會，於是團體可以再整合，更具整體性的邁步向前。

　　而對帶領者來說，面對百家爭鳴，甚至眾說紛紜的局面，若不稍加整理，不只自己容易雜亂無序，團體也可能失焦，因此，藉由整理、組織的動作，一方面為自己爭取一些重整思緒的時空，另方面也為團體找出可以繼續探討或發展的線索，將有助於討論的「流」更加順暢。

　　總之，「串」有連結、重整、聚焦與抽出深探線索等多重功能，妥善運用將有助團體的討論更流暢、穩實，更能將個別的意識匯成具有共識味道的團體「主流」；因此，身為討論帶領人，面對你一言我一語的熱烈場面時，不妨試試「串」的功夫，將能使討論內涵與品質大大提升！

心法　若要發言熱烈又不離題，適時的整理、聚焦，不但可以凝聚意識主流，還可以發展出進一步深入探討的線索。

 **精化思維三合一**

　　在某次「讀書會帶領人培訓」課程中，我請成員於帶領討論前，務必先將可能要討論的問題逐一寫在紙上，其中有人問道：「既然討論過程成員會如何回應，以及會發生什麼狀況，往往無法掌控，那又何必事前花那麼多力氣、時間將問題逐字寫下來，只要先在腦中想一想，到時候再依狀況應變不就可以了？」

　　如此說法乍聽之下滿有道理的，如果所想的與所說的能一致、清楚，的確可以省下中間的工夫，如果我們的功力還未臻如此流暢，可能還是需要多下一點工夫，打下結實的硬底子，比較保險。這就如同許多人的經驗：說話容易，但要下筆卻有時比千斤還重。因為，書寫、思考與說話，彼此功能與難度是不同的：會說的人不一定會寫，而作家也可能拙於言語，有些人思緒鮮活、點子多，但是，跳躍式的表達卻讓人不易抓到頭緒。

　　身為帶領討論的人，要把握其根本功能之一是：刺激成員思考，提供順暢思考的線索。所以，清楚表達所問的問題就很重要了。由實務運作而言，口語表達往往反應內在思維的品質，當提問模糊、籠統或一次包含數個問題，甚至雜亂無序，其實也顯現提問者並未想清楚欲問的問題或想討論的主題；因此，

如能試著將想要探討的問題或議題，如實的一字不漏寫下來，將會產生神奇的效果。

　　人在思考的時候，可以海闊天空漫遊，也可以天馬行空的跳躍；但是，要表達時，卻是要顧慮到聽者是否了解。因此，除了表達內容要有重點，其內涵所具有的邏輯性是否清楚，所運用的語言是否易懂等，也都會影響被理解、被接受的程度。此時，經由書寫就是最直接解釋思維品質的方法了；亦即如果自認想得很清楚，可是下筆卻不流暢，這正是釐清思緒的好機會，更何況是想得不夠清楚時，正好可以讓片段、模糊，有一個完整、清楚的機會；同時，可以將寫出的問題念念看，如果不順，乘機修訂，直到順口。也就是說藉由文字化將抽象運作的內涵具象化，不只確認思考的內涵，更有助於將問題內化。

　　如此用心的過程，不只讓帶領人能夠提出更有效的問題，提升刺激思考的品質，更於點滴當中，練就想、寫、說，三位一體的高品質能耐，精化帶領人的思維。

心法　看得見的成功表現往往是背後看不見的硬功夫累積的結果。因此，要能順利問出高效能的問題，不妨勤練想、寫、說三位一體的基本功。

 # 問題明確更有效

　　「提問」是討論的方法之一，它可以刺激思考，引發成員表達；但是，不當的題問也可能造成發言離題或冷場、沉默。

　　常見的情況是所提問題過於抽象、廣泛，讓成員抓不到提問者欲討論的重點，以致不知道要說什麼，只好靜默以對或很努力的思考，勉強沾點邊的說些話，以打破沉默。但是，其他成員還是搭不上，仍然無法形成討論的「流」。

　　遇到這種情況，成員除了沉默或勉強發言外，其實是可以主動釐清問題的，當場請提問者將問題再聚焦或說得具體些，不用擔心不好意思。因為並非要指責或批判提問者，而是促使討論能更順暢，這也是在幫助提問者啊！有時就是太過於「不好意思」，結果造成冷場尷尬，反而大家都更不好意思。面對不適當的提問，身為成員的一份子，也有責任發揮澄清的功能，為有效的討論貢獻一己之力。

　　擔任過帶領工作的朋友，相信都能體會要進行有效的提問絕非輕而易舉，一蹴可及的，如果進行中成員可以適當協助，是能讓提問變得更有效；但是，身為討論帶領人，也不能只寄望成員及時的幫忙，還是要在提問的有效性方面多下工夫。

　　所謂「有效」的提問，基本上是要能激發成員順利思考與發表。因此，所提問題是要「簡明易懂」，讓人一聽就「清楚」要問什麼，要談些什麼，亦即問題本身能提供「具體」的思維

線索，讓成員有跡可「思」；同時，一次只問一個問題，以免混淆了焦點。

在討論過程中，提問是要幫助討論的「流」更順暢、更豐富，甚至更深入，要以討論當下產生的內容為「本」來繼續提問，才能「順流」，而非不顧現場大家談出的內容，只顧著原來準備的問題，或前後問題的層次差距太遠，以致「流」被切斷。這不只讓討論很難繼續，帶領者的意識狀態也與大家立即隔離，容易變成只是維持形式上的「問與答」，而非真正的討論了。

總之，適當的提問是促發有效討論的催化劑，帶領人事前要將問題想清楚才能說明白，現場則要以當下發生來適時應變問題，而參與成員也可以協助將問題具體化與聚焦化，共同提升提問的功效。

 心法｜如何讓問題明確、具體又易懂，除了帶領者事前準備與現場應變外，參與的成員也可以及時協助釐清，畢竟讀書會是每位成員共有的，而非帶領人獨享。

 # 討論不是說而已

　　某次在讀書會的討論演練中，一位成員說：「讀書會討論時會發生爭辯真是不可思議，有什麼好爭的？不同意見聽聽就好。」這位成員的想法很有意思，到底讀書會的討論是說說聽聽就算了，想聽就聽，不順耳就將耳朵關閉，和誰不對眼就靜默以對，還是可以更積極的參與，主動表達，理性思辨，藉由彼此激盪，共尋生命真理的亮光？

　　讀書會的討論呈現什麼樣貌，與成員所持態度有關，而態度又受對討論的觀念影響，亦即認為討論是什麼，討論的目的何在，自己想藉由討論中獲得些什麼等等，都會影響成員在討論過程的具體反應。

　　因此，接著想藉由一些角度來探討讀書會討論的內涵；首先，要從讀書會的討論「不是」什麼談起，之後，再來談談讀書會的討論「是」什麼。

　　在讀書會的討論中最常出現的場景之一就是：大家都很熱烈的表達，也說得很開心，氣氛很「熱」，可是，好像聽不出什麼共同的主題；或者是每位成員都輪流發言，發表心得或分享感受、經驗，可是彼此似乎沒什麼交集，更甚者是只想著待會兒要說什麼，無法聆聽此刻成員在說什麼，一旦發表完頓覺輕鬆，對於之後成員的發言，有興趣就聽聽，不想聽時就做自己的事，反正也與我無關，我也沒有機會再發言……。這些情

況提醒了我們：讀書會的討論不是「各說各話」，不是「散漫的聊天」，更不只是「心得報告，經驗分享」而已。

　　另外一種情況是有少數成員很會說，一旦有發言機會就侃侃而談，也許內容豐富，表達風趣，大家也聽得很歡喜，可是忘了適可而止，讓其他成員少了發表機會，當然更不易聽到其他人的回饋了，尤其對有充分準備的成員而言，會有一股衝動想要將所知、所備全部分享出來，或者是自認對當次主題有較「專業」了解時，不經意間就開始「專家論述」，而變成上課了。成員們只能點頭稱是或勤寫筆記，下課忽焉而至，這之間似乎少了對話的時間與思考、消化，甚至辯證的空間；因此，討論不是「個人秀」，不是「專題演講」，也不是「演講比賽」，更不是「只說不聽」的「單向傳達」。

　　總之，「說」是讀書會討論的重要元素，也是討論的主要原料之一，但不是只有「說」而已！

心
法　人有被知的需求，將我所知一吐為快是引發討論的重要動力；但是，真正的討論卻不只是單向表達而已。

# 43 討論不需爭輸贏

前一則談到：讀書會的討論不只是輪流發言或心得發表而已，更不是單向傳達的演講比賽；如果換個角度看，它也不是一場「辯論大賽」。

說到「辯論」，腦海出現的畫面常是「口沫橫飛」、「面紅耳赤」，展現的是「伶牙俐齒」、「快速反擊」，過程中似乎強調的是「批判」重於「探討」，一不小心，空氣中就散發出「挑毛病」的酸辣氣味，似乎「情緒化的反應」蓋過了「理性的回應」。

這麼說來讀書會是不是就不能有類似「辯論」的場景出現呢？

非也。讀書會的討論可以有不同意見的表達，甚至可以為自己的論點力爭、力辯；但是，不需要也不是用「強辯」的態度與方式來參與。

「強辯」往往顯現的是「用氣勢掩飾內在的不確定」，其實是一種「心虛」的表現，因此，不需要為了顧全面子，堅持己見，甚至以挑剔之姿攻擊對方與自己不同或有所不足之處，亦即讀書會的討論不須把面子擺在最前面，也不用「得理不饒人」的一路追打，不是一定要我對你錯，更不必爭個你死我活。

那麼為了避免有爭議，讀書會的討論有人發言就好，或者就說些動聽的話，以免傷了和氣？

　　不是如此！讀書會的討論雖然不希望有攻擊或太濃的批判氣氛，但是，也不是和稀泥的場所。不須為了討好而說些場面話，或流於不痛不癢的表面回應。

　　較常見的是擔心得罪對方，而壓抑自己真實的想法，或拐彎抹角致無法清楚表達真正的觀點或感受，這對雙方都是損失。有時是一聞到些許火藥味，就有成員立即撲火、打圓場，這種不想把場面弄僵的舉動，反而澆熄了可能迸出的智慧火花。

　　總之，讀書會的討論過程，不需為了爭輸贏、對錯而引發情緒化的爭辯，但是，也不必為求表面和諧，害怕衝突，而扭曲真實的自我，不做真誠一致的表達；畢竟因有「差異」、「不同」，才有討論的空間與價值，彼此不攻擊，也不和稀泥，更不要悶著不說，才能回歸理性的探討。

心法　討論會中爭的面紅耳赤，往往是將彼此「不同」，誤認為我「對」你「錯」，以致引發情緒性對立，而無法進行理性思辨與平等對話。

 # 討論是聚焦表達

如果讀書會的討論不是「散漫的聊天」，不是「各說各話」的「心得報告和分享」，也不是「演講比賽」，更不是「只說不聽」的「單向傳達」，那麼讀書會的討論是什麼？

「討論」若從字面來看，「討」有研究、請求的意思，如「探討」、「討教」；而「論」，則是指說明道理或主張，如「評論」、「論述」等；合起來看，「討論」的發生與存在，是要針對一個「對象」加以「研究」後，表達出「觀點」；而拋出論點後，該「對象」也會有回應回來，於是就形成互動。所以說，討論是一場「交互刺激與回應」的「過程」，它是動態的，而不是單向的結論闡述。

循著這樣的理解，讀書會討論所針對的「對象」，可能是「成員」、「主題」、「作者」、「內容」，或者是「成員的論點」等，亦即是「有範圍」、「有目標」的，而不是散彈式的天馬行空發言，所以，討論最基本的型式是：「有焦點的表達」，個人表達的內容是與所論的「對象」同時並存的。而這「並存」意味著討論時所持的態度是「接納」的，而非「否定」或將所論的對象「隔離」於外的；也因先持有接納、尊重的態度，才能打開「心耳」，經由聆聽或閱讀、思考、了解後，再加以回應，而其回應的內涵會先針對對方的內容回饋，再進而敘述自己的

想法。這樣的表達不易失焦，彼此都在有交集中進行一連串相互激發的動態思考的活動。

這種能先求了解再做表達的討論是不同於急著想說自己意見的「政見發表會」；因為能傾聽，心就開了；開放的心，帶來包容，能包容自然能容下更多的可能；於是，在討論中增廣見聞，而經由過程的激盪，知見也在增長中提升了。

換言之，要學習討論，不妨就由「有焦點的表達」開始，它是激發群體智慧的基本策略，也是培養理性思維與積極論證的起步。

 心法 ｜能針對材料重點或對方表達的內容予以回應，是參與討論者須具備的基本修為，這種「有焦點的表達」是有效討論的必備要素。

 討論能成人成己

　　討論的過程不是人人自言自語，而是能在了解對方的基礎上延伸出我的想法，或對應出不同的觀點；因為，討論是共容而非排斥，是擴展而非隔離。因此，有效討論的參與者於過程中的回應與交流，必是以積極的聆聽為本。

　　所謂積極的聆聽，指的不僅是用耳朵聽，更強調用心聽。因為，討論的本質是允許不同意見存在的，人都有主觀，都有自我，也常自以為是，而要能聽到，且聽進去相異、甚至逆耳的聲音，是對人性的一大挑戰，何況還要以接納而非批判的態度去回應，更是難上加難！

　　正因為困難，更顯出其價值：人除了想說之外，也都期待自己的意見被「聽」到與看「見」，如果因而激發出更多精采的觀點，看到自己對討論內容有所貢獻，這種成就也是人參與討論的需求。如果我先積極聆聽，不只滿足對方的需求，展現我的包容度，更能培養寬廣的胸襟；同時，也示現了一種積極良性的討論態度，此將引發其他成員善性的回饋，帶動討論朝向建設性的路途前進。

　　這樣的參與，同時也是考驗自我開放的程度。人要成長，就不能過度封閉，能適度開放是成長的開端，而要能夠開放自我，需要能先承認自己有所不知，人都怕被他人發現所知有限，

更怕所知有誤卻被指正，然而我們也都熟知「知之為知之，不知為不知，是知也」的道理，因此，能接受自己的有限，也意味著有能力迎接無限的可能。

當我能如此的面對自己，敞開心耳聆聽各種聲音，我將體會到：真正有效的討論是發現自己侷限的捷徑，我允許被挑戰，甚至被顛覆，彼此激盪中，盲點被照亮，如此一路討論過來，彼此願意放下固執，生命活潑的動力就出現了，更有智慧的觀點與內涵就在意識的火花中迸放四射。

如果你想參與的討論不是「一言堂」，而是「異言堂」，想要「成長」而非參加後還是「原樣」，就請將自己的心打開，用心聆聽，虛心接納，積極表達；如此，讀書會的討論將是一場「成人成己」的聖會！

心法 經由積極聆聽，能夠了解對方，更能滿足對方「被懂」的需求；同時，因聆聽而展現的自我開放，也讓自己有更多成長的機會。

對話的心理基礎

　　「對話」不是「喊話」，更不是「對罵」，而是人與人之間互動的基本形式與需求，這原本是人人天生的能力。不幸的是，在電子媒體的傳播薰染中，所見盡是情緒性「對罵」或即興式「喊話」，而少有理性、溫馨的「對話」場景，以致本具的「對話」能力似乎日漸弱化。

　　還好有「讀書會」！

　　在「讀書會」裡可以真正有「對話」發生，也經由每次交流的場域，成員得以喚醒「對話」的能力，進而培養深化生命內涵的態度。

　　問題是：在成長與受教過程中若被要求「聽話」的經驗多，而對於「對話」是什麼也少有機會了解與體會，那又如何學會「對話」呢？

　　因此，身為讀書會參與者實在需要針對「對話」的意涵有一個基本的了解，才能讓對話的動力產生滋潤彼此心田的活水。

　　就「心理」層面言，人之所以需要「對話」，基本上是因「有話要說」，想表達自己的想法、經驗或感受，此外，也有一種「了解」的需求，包括想要了解對與被對方了解，因此，這種「我想知道與被知道」和「我要表達」的基本需求就建構了對話的需求動力。

　　本著這樣的需求，人在對話時就需要抱持「分享」和「接受」的心態，而非「說服」與「批判」。

　　「分享」是「我樂於將我『有』展現於你」，不強迫對方，讓彼此保有獨立存在的尊嚴，而「說服」則是「你一定要將我有納為你的一部分」，因此，會有一種被強迫的感覺。

　　「接受」是「坦然面對實存的發生」，不論是預期或非預期，就如實的對待，而「批判」則是「對於與期待不符者予負面回應」，亦即以是非對錯論斷；因此，可以說「接受」是一種客觀的態度，予人被包容、被肯定的感受，而「批判」則是主觀的反應，常給人被拒絕、被排斥，甚至被貶低、被否定的不悅感。

　　因此，是否允許彼此有空間，是否能容納各種可能的存在，決定了「對話」是否能真正發生與持續的命運，也是「對話」存在的關鍵心理要素。

心法　人都希望被「平等」對待，也有「被知」和「被納」的需求，唯有能滿足這些需求，真正的對話才得以開展。

對話的社會基礎

要「對話」，就要有個「對象」。

當然，這個對象包括「自我」與「他人」，因此，談到「對話」就要先肯定「對象」的存在，否則無法發生對話。

而與「對象」對話，一定有個「主題」或「話題」，也就是有個「焦點」，對話才有意義，否則，各說各話只是沒有焦點的表白，不是真正的對話。

此外，對話是有「目的」的談話，彼此可能對此談話有一些預期，而每次的對話也會有「結果」產生；這個結果若與預期一致，彼此可能很滿意，關係會更好，反之，則可能產生負面情緒，甚至開始疏離、冷淡。

這個現象反映了人是社會性動物：人在外形看起來是獨立的個體，卻有許多無形的臍帶與他人相連，這就是人與人之間的「關係」。「關係」要發生或進展，需要彼此有互動，「對話」就是互動方式之一。因此，彼此如何對話將影響後續的關係，而彼此的關係又會影響對話的狀況與品質。

如果是以上對下或我對你錯的心態開始，很容易導致緊張、對立，甚至是質疑的氣氛，對話可能就無法順利持續。

因此，若要讓對話順利發生與進展，彼此要能建立安全與信任的關係，如此雙方才可能以開誠布公的態度，真實、開放的互動。

　　人在社會上同時扮演許多角色，不同角色也代表不同的地位與價值，如果將角色帶入對話中，彼此不對等的關係立即顯現，人的感覺馬上反映在行為上：例如面對職位比我們高，職稱比我們大，或具有權威的專業角色時，我們可能就難以順暢表達己意；反之，則可能滔滔不絕，忽略對方表達的機會與內容；這些都會造成雙方失衡的關係。

　　此外，對話過程若只注重事情或問題探討，而缺乏對眼前這個「人」的適當關照，也將讓對話過程理性有餘，溫潤不足。

　　因此，真正的對話是建立在彼此「以人相待」的基礎上；對話時，記得先將角色暫時擱在旁邊，以便開創彼此信任的關係；有了互信，真實的對話於焉發生，也因為能以坦承的「我」進行互動，這樣的交流將會是一場「結善緣」與「負責任」的對話。

心法　「互信」是對話的基礎，「對話」是建立與發展彼此關係的橋梁，因此，要能真正「以人相待」才能有真實的對話關係發生。

輯5

企業共學有門路

身為企業領導者，若想提升卓越的領導力，是可以積極參加讀書會，它將以最經濟的條件（金錢與時間），同時提供「知識力」、「對話力」與「影響力」的陶成。

 有共識容易共事

「我們公司的同仁學歷都很高，也很上進，喜歡上課進修，也會自己買書閱讀；可是，每當要一起工作，就意見分歧，很難形成一個團隊，怎麼會這樣？」

是一個講求團隊合作的時代，卻也是人人各有所專的社會，因此，如何一起共事，的確讓很多組織傷透腦筋。

對現代人來說，吸收知識很容易，只要有意願，經由看書、上網都可以快速、大量的獲取知識。問題是：人有求知欲，也有被知的欲望，因此，積極求知一段時間後，會很想有機會能將所知表達，讓他人了解我知道些什麼；麻煩的是：大家都很忙，能有充裕時間、好好耐心聆聽的機緣太少；如果大家都想說，不想聽，如何能滿足被知的需求呢？

「知音難尋」大概是忙碌現代人常有的感慨，這種不被了解的心情，一旦與日俱增，是容易在精神上出毛病的，因此，如果能自行邀約三、五好友或同事，定期聚聚，談談自己近日所思、所學、所知，或分享閱讀的收穫，不只滿足「被知」的需求，更能由其中吸收彼此的知與智；這就是讀書會在人際間可以發揮的社會性功能。

至於一群頗具專業知能者要聚在一起共事，往往因堅持自己的專業，容易不自覺地掉入主觀的陷阱，這種「各據一方，自己為是」的盲點，往往造成「不和」的困境，於是會產生一

加一小於二的窘境。

因此，在組織內不妨將需要合作的成員經由讀書會的運作，學習建立共識。共識的基礎來自互相了解，成員們藉由定期、持續的交流，共同針對客觀材料探討（材料可先選與工作無關，如：非工作相關領域的書、時事議題、流行資訊等，以便能由較客觀的態度開始）。於其中不只滿足個人的表達欲，更可以直接了解各個成員的觀點、價值觀、個性與表達習慣等。而這樣較輕鬆、自然的過程，除了增進彼此了解，更於無形中加強了成員間親和、友善的關係。如此建構的基礎將有利於工作時，建立合作的共識。

期待自恃較高的人聚在一起，能產生一加一大於二的融合效應，本來就不容易；如果能先有一些過程，協助彼此培養傾聽、接納、尊重的涵養，軟化彼此的身段，再來談一起做事，也許更能事半功倍。

讀書會的精神與運作正好能協助組織成員於點滴互動中，培養建立共識的修為與能耐，可以讓共事更有效！

 心法　「對的過程」較易產生「對的結果」，共識建立亦如是；經由讀書會的互動交流可以點滴累積形成共事者的共識。

平等相待有人味

　　「組織」，是由一群人聚及而成的「有機體」；於其中有「角色」、「地位」的存在，同時，因為彼此依存的需要，而產生「利害」的關係。

　　「角色」於組織中常以「職稱」表示，而「職稱」原只是一個稱呼，但是，在組織裡卻代表了地位的高低，權力的大小，因此，就有了影響力；以致對組織內的成員來說，不同角色、職稱、地位之間，就產生了互補、合作、競爭，甚至對立的複雜關係；這些關係不只影響成員的自我定位，也直接反映在彼此互動的行為上。

　　讀書會的可貴就在於成員間彼此以「人」相待，不因年齡、性別、學歷、經歷、財富等背景、條件，而生分別之心；因此，要在組織內運作讀書會，首重「平等心」，亦即不受成員資歷、地位、親疏等差異影響，每位參與者都以「人」的身分出席。切記於進入讀書會之前，先將原有的角色、職稱暫寄門外，放下框架的負荷，以真實的自己，真誠、輕鬆的與會。如果不能如此，在角色壓力的氛圍中，如何能暢所欲言、充分溝通呢？

　　譬如：某公司的主管讀書會，不但利用上班時間於最舒適的會議室進行，書籍更是由總經理購贈，條件可真優厚，可是，進行起來卻氣氛僵硬，經常面臨「不點名不發言」的情況，成員甚至藉著各種名義請假，能逃就逃。

「怎麼會這樣？」

「是大家不喜歡讀書嗎？」

且看其中一段場景，就能明瞭是怎麼回事：

「成員陸續進入會議室，圍坐會議桌，總經理最後進來，沒有與成員坐在一起，而是坐在最後面，待總經理示意後，當日輪值者開始導讀與討論；進行中，總經理會隨時插話指導，或打斷某人發言，糾正其觀點；結束前，輪值者會請總經理講評與指示。」

這種進行形式比較接近設有上級指導員的討論會或像「訓練」，離真正的讀書會較遠。如果成員又是被要求參加，在低意願情況下，恐怕流於形式化的應付心態是必然的。

因此，為避免利害關係的干擾，還給讀書會一片淨土，欲於組織內運作讀書會，首先要宣告的是：請參與者卸下於組織內的角色、職位，以單純的「成員」與會，在彼此「尊重」與「等值」的基礎上，進行互動與學習；如果總經理要參加，請以身作則！

心法

讀書會的美好之一在於能不受角色、背景等主觀條件干擾，讓彼此自在的以「人」共處，也因此才能讓講求現實利害的組織留有一片淨土。

邀約是成功起步

　　知識經濟時代看重的是無形、無重的資產——腦力，這種源源不斷的資源已經成為組織競爭的關鍵要素。

　　腦力的內涵來自人員的素質，而素質的提升需要經由持續積極的學習。身為組織內人力資源的主管都知道「學習」對組織與個人的重要，但是，當面對績效的要求時，主管似乎自動得了「學習失憶症」，只想看到「立即、具體」的成效，忘了「學習」是個過程，許多與人有關的軟體內涵（如：合作力、包容力、向心力、凝聚力、組織力、表達力、視野、創意等），需要時間點滴累積，才能有堅實的基礎，進而發揮長效的影響，亦即許多改變是要經由「量」的累積，達到某個「量」後，才能產生「質」的變化，而一旦由「量變」轉化為「質變」，其影響就非常深遠。

　　許多組織想要經由推動讀書會產生組織學習的動力，因此，常常採用看似最直接、省事的做法，由上級發布一道命令，要求各部門成立讀書會，有時為表示鼓勵，還有組織購書贈予成員，於定期聚會時，主管會去抽查或現場督導，甚至要求撰寫心得報告，結果搞得大家怨聲載道，應付了事。

　　最常聽到的抱怨是：「已經夠忙了，還要強迫我們讀書，哪有時間啊？」、「一個月聚會一次，一次就要讀一本書，幾乎都是前兩天才想到要看，只好囫圇吞棗，隨意翻翻，看不完

啦！」、「若是輪到要報告，可就累了，還要做投影片。」、「報告完也很少有人會回應或討論，許多同仁要不是沒看完就是根本沒看。」、「就算有說話也只是一些表面有道理卻不深入的意見，都是同事，公開場合誰敢說真心話，尤其有主管在場時。」

當組織選了省事的方法，也就是採取了「便宜行事」的策略，一起步就注定不了了之的夭折命運。

讀書會是一種強調自願、自主、自助與自律的學習團體，它的確有助組織學習，甚至是邁向「學習型組織」的有效策略，但是，如果一起步就採強制、外力的作法，當下就與真正的讀書會精神背道而馳了。

因此，組織若想推動內部讀書會，請從「邀約」有興趣的同仁開始！

心法 人被強迫時，自然會產生抗拒，因為，違反了「被尊重」的基本需求。若要讓組織內的讀書會真能長續發展，請用邀約的態度引發參與的意願。

用社群活化組織

　　讀書會的特性之一就是「自願性」，亦即強調參與的意願，若在組織內推展讀書會，卻採取強制參加，致引起反彈，那是再自然不過的反應了。

　　想要透過讀書會帶動同仁讀書風氣，提升學習內涵，動機絕對是美善的，可是，若因手段不適當，導致善意成不了善果，實在是壞了一件美事，殊為可惜！

　　如果你的組織有好幾百人，甚至數千人，想要正式的推動讀書會，可以如何進行呢？

　　首先，可以先辦「讀書會說明會」，邀請實務與理論兼具的專家至組織內介紹社會趨勢與讀書會的關係、讀書會相關基本概念、與同仁的關係（如：對同仁及組織的功能等）等，也可以邀約有參與讀書會經驗的同仁或外人來經驗分享；同時，組織內相關人員也可以藉機說明組織對推動讀書會的理念與相關政策。這項說明會是採邀約、鼓勵同仁參與的態度辦理，而非強制要求參加，因此，不是以出席人數多寡論成效，而是，能發現有興趣的種子，縱使只有三、五位，也是重要的起步；如果，有許多廠區，不妨先選幾個點，各辦一場。

　　「星星之火，可以燎原」，不要小看三、五位有心的同仁，只要當天會出席的同仁，都請他們寫下對讀書會的期望、方便

的時間、聯絡方式等基本資料，如果時間許可，甚至當場就可以商量下次聚會的時間、地點及相關事宜，並請他們邀約其他同仁參與下次聚會。

有願意參加的「人」，就可以開始運作，讀書會很容易，不需要弄得太複雜。

但是，如果組織想要較正式的推展，希望某時程內看到一些成果（如：讀書會數量、人數的成長，同仁學習態度變積極、更有見解或創意、合作性更強等），不妨採取「衛星種子」的推展模式，有計劃、有系統的運作。

於「說明會」後，將有心參與的同仁組成「種子讀書會」，自行運作一段時間後，就可以向外發展，由一或兩位一組，邀約其他同仁組成讀書會，而原有的「種子讀書會」仍可繼續運作，但功能可以轉為實務經驗交流與進修成長，類似「同儕督導」讀書會，必要時可再邀請專家協助。

如果要做得更扎實，也可以開辦「讀書會帶領人種子培育班（課程內容可參考《讀書會結知己》一書第十五頁的說明），協助有興趣的同仁建構較清晰、完整的知能基礎，而於課程過程中或結訓後，即可外展推動讀書會，同時，仍可定期回到「種子讀書會」進行充電。

　　運作一段時間後，各讀書會可再推薦適當成員參與「種子養成」的培育。如此，一代一代的發展，將會產生許許多多「讀書會學習社群」，屆時「學習」已蔚為風氣，組織期待的「績效」將具體可見，組織的活力將如「有機體」般，生生不息。

　　「組織」具有生命，「讀書會」也是個生命體，生命是會發展的，因此，欲在組織內帶動讀書學習的風氣，要避免「欲速則不達」的陷阱，而採一小群、一小群的播種耕耘，才能漸進發展，踏實的成長。

心法｜欲帶動組織的學習風氣，可以採由「點」到「面」的網絡策略，有計劃的培育讀書會種子，漸進發展出許多小小的讀書會社群，將會產生遍地烽火的效應。

 **有一天會見成效**

　　在組織內推動讀書會,承辦人最大壓力之一就是「績效」問題:「如何呈現讀書會的績效?」、「如何測知讀書會有績效?」亦即辦理讀書會對組織有何助益,組織值得投注人力、時間,甚至金錢於其上嗎?尤其處在「微利競爭」的企業環境中,凡是都要斤斤計較,讀書會的「利基」又在哪兒呢?

　　學習有三個層次:訓練、教育與發展,「訓練」強調的是「即學即用」,著重短時間內看到具體成果,譬如:學會某項技術或行為,而教育與發展則是以較長的未來需求為導向,學習內容包含更多元的內涵,不只知識、技能的學習,更涵容態度、價值觀等內涵的培養與薰陶。因此,「訓練」可以說是以眼前的需要為考量,針對具體目標於時限內有效達成,所以,容易評估與呈現「績效」。而教育與發展是較全面的學習,加上以較長遠的未來為時間座標,變數與不確定性較大,很難用明確的指標來衡量所謂的「績效」,因為其學習往往在點滴中累積、成長,一時看不出有什麼用處或成果,但是,它會往正向、積極的可能前進。

　　一項以未來做準備的學習,卻要求於眼前展現成效,基本上是矛盾、不通的;在組織內推動讀書會如果被要求定期評估成效,正是這種荒謬的思維。讀書會在本質上是一種注重閱讀、

思考、組織、互動、激盪等「過程」的學習，在此過程中許多
種子被種植了，某塊硬土被鬆動了，甚至某處荒地被開墾了，
許許多多看不見的動力在運作，被更新的點點滴滴在質變中；
有一天，成熟了，或者某個突發事件，這些內隱的學習，可能
就展現了「不可思議」的績效；這些都無法確定「何時」會「如
何」，只能謙虛的說：「可能會」。

所以，讀書會與績效的關係是一種「可能」，如果因為無
法短期內有明確的成效而不推動，那是主其事者「觀念」與「信
念」的問題，而非「讀書會」本身的問題。

真正要在組織內推動讀書會，請不要將「績效」的考量擺
在前面，真正的讀書會是細水長流，點滴天成的，有一天，將
會看到成效！

 心法 短期有績效不代表長期會有成效，尤其人的培育與發
展，若以績效掛帥，往往會「呷緊弄破碗」，因揠苗
助長而得不償失；因此，推動組織內讀書會不妨以「長
期願景」的思維來規劃。

評估績效有門路

　　前一則談到讀書會是以「過程學習」為主的團體，它不是以「訓練」為目的的學習，而是一種「教育」與「發展」的學習，因此，不要以未能見短期成效為由，而不推展讀書會，亦即若要在組織內辦理讀書會，不要將「績效」擺在前面，以免違反讀書會的本質，阻礙讀書會的正常發展。

　　依此觀點，難道讀書會不能是一種著重「結果」的學習嗎？一群學生於考試前一週為某一科目共讀討論，一群科長級主管為晉升副理職而組讀書會應考，這不也是具有「訓練」性質的學習嗎？不也可以立即測知「成果」嗎？更何況組織經營講求成效，也是天經地義的，也許讀書會無法在一、兩個月內見其成效，半年、一年，甚至兩年後，也無法有較具體的指標來衡量或呈現其績效嗎？

　　只要是人為的事與物，當然可以去衡量，關鍵是推動讀書會不應只是為了「得成果」，而是要有更高層次的關懷，否則，強調短期、具效的操作，將使讀書會的美味盡失，也將使參與成員倒盡胃口，而更遠離書香世界，害怕學習了。

　　因此，如果組織了解也認同讀書會的教育與發展功能，但又要兼顧成效需求的現實面，不妨參考以下指標與做法，逐步有序耐心的推動：

　　績效指標包含「量」與「質」兩種面向，前者如：參與人數、讀書會數量、有讀書會的部門比例、聚會頻率、聚會時數、準時率、閱讀數量，以及各項指標的成長率等。後者如：聚會動力的評估（含：發言主動性、熱烈性、討論的深度等），學習風氣、態度是否改善，同事間的合作性是否增強，成員參與情況評估（如：表達力、組織力、材料解讀力、思辨力、包容性等），參與成員在工作上的表現評估（如：表達勇氣與能力、知識見解的豐富性、創意性、問題解決能力、將讀書會中所得應用於工作的情況、視野開闊度、態度的積極、謙和情況）等。

　　至於評估方法，可以採書面、觀察、訪問或活動等方式進行，包括：請當事人填寫相關問卷、請其同事或主管對當事人的表現給予書面回饋或評量，於讀書會過程中進行觀察記錄，辦理經驗觀摩會或成果發表會（各讀書會彼此交流，也可吸引更多未參加成員加入），鼓勵成員將閱讀或討論心得發表於相關刊物，必要時可出版成果專輯；評估時間可採定期方式進行（如半年進行一次），若為求嚴謹，甚至可以於讀書會進行前先做前測，進行一段落後再做後測，將可以得到更具比較性的具體資料，以了解績效何在。

　　「評估」若要客觀，往往要有比較的基準，這意味著要有「過程」才能產生比較的資料，因此，請記得給讀書會一段足夠的運作時間。

　　經由以上說明，請不要再說「不知道如何評估與呈現，所以，我們主管說不辦了！」如果組織真的很在乎「績效」，就認真地去安排與執行相關評估事宜，真的去做，就不難做，畢竟，路是人走出來的！

心法｜評估讀書會的績效不應是推展讀書會的目的，而是了解與精進的手段，因此，評量時要避免本末倒置，破壞了讀書會的精神與本意。

培養鮮活知識力

在與一群企業人分享參與讀書會的經驗中，有成員表示：「我平時都有看書的習慣，還需要參加讀書會嗎？大家都很忙，還要花時間參加讀書會，值得嗎？」

乍聽之下，似乎言之成理：身為忙碌的現代領導人，只要自己有閱讀的習慣，參不參加讀書會好像沒什麼差別。

讀書會具有許多功能，但是，沒有人敢說：只要參加，就一定可以得到什麼；不過，由實務經驗中，可以發現：參加是一種機會，給自己多一些學習的機會與可能。身為企業領導者，如果願意給自己機會試試，讀書會是一個修練與提升「領導力」的絕佳練功房。

身為知識經濟時代的領導者，不能再只靠個人魅力領導，一位有卓越領導力的領導者需具有三種基本能力：「知識力」、「對話力」與「影響力」，而這三種能力都可以藉由持續參與讀書會過程中，點滴累積與陶成。

「知識力」的內涵包含：「專業知識」、「生活知識」與「天命知識」。領導者當然要涉獵與熟知自己事業領域的專業知識，最直接的學習管道就是閱讀專書，可是，相關的書這麼多，更新的速度又那麼快，在個人時間有限下，可以經由讀書會快速有效的吸收。

　　「專業知識」是知識力的基礎，但它畢竟是個有固定範圍的。身為領導者需要有更寬廣、鮮活的知識來源，從每天所接觸的人、事、物中都可以得到許多真實、寶貴的學問，這就是「生活知識」。「生活知識」是活的，讀書會就是一群不同的「活人」聚在一起活動，成員會將其在生活中習得的經驗點滴無私的分享，於運作過程中也會出現許許多多人事物的狀況，正好是最真珍貴、當下的學習。

　　讀書會最可貴的特點之一就是：成員間皆以「人」相待，而非用「角色」相處，可以很真誠、開放的互動，這對習慣於當「領導者」的成員來說，是個難得的機會可以與真實的自己好好相處，並經由他人回饋更認識自己。這種與自己內在對話而更「知己」的學問就是知「天命」的知識。

　　以上所說的三種知識力的內涵，是身為領導者皆需具備的，如果專業知識不足會如何？如果專業很強，但卻缺其他一項，甚至兩項，又會出現什麼狀況？

　　因此，讀書會可以經由共讀習得「專業知識」，更能於真實交流中，自然吸收「生活知識」，進而增長「天命知識」；這些內涵有助領導者建構均衡知識的基礎。

心法｜知識更新的速度很快，身為領導者除了努力吸收專業知識外，還需培養及時學習「活」知識的能力，參加讀書會就是加入「活」的學習場域。

 培養柔軟對話力

前一則談到「知識力」是卓越領導力的基礎，也是一般較熟悉的學習內涵。如果一位領導者很愛學習，飽覽群籍，滿腹經綸，卻自恃甚高，待人之道常以「說教」甚至「訓示」出現，他與周遭部屬或友人的關係會是如何？

因此，除了豐富的知識基礎，卓越的領導者尚須具有「對話的能力」。一個人能真正的對話，關鍵在於有沒有一顆「平等對待」的心，這顆平等心的具體表現就是「聆聽的能力」。領導者最不自覺的行為就是「愛說」，尤其是與人互動時，不經意就會想要「告知」，與其說是一種習慣，更深入的省察其實是一種「不想了解」、「不耐煩」或「我比你行」的心態。因此，要有真實了解的關係，就要真心將耳朵打開，才能由最基礎的了解開始，建立基本的信任關係。

耐心的傾聽後，在了解與接受對方的基礎上，才能有適當的回應。

「回應力」就是一種表達力，包括適當的傳達對對方的了解以及明確的表達自己的想法。人的主觀常常將自己當下的需求擺在第一，因此，領導者要能覺察對方的狀況與需求，並先予回應，否則，只在乎自己的想法，就會又掉入唯我獨尊的狀態，無法產生雙向交流的流暢關係。此外，表達的目的是要對方能了解，因此，如何能清楚、簡要地讓對方聽懂，又是有效

表達的重要修練。

對話之後，彼此的關係是更提升還是更疏離，往往是與對話時所隱含的訊息相關，如果充滿了挑剔、批判、諷刺，甚至否定的內涵與態度，關係必然下滑、惡化。若要彼此關係更親和、緊密，傳達積極、接納的「肯定」訊息，是對話中必備的要素。

讀書會進行的過程就是連續的「對話之旅」，在每位成員皆是等值的基礎上，人人平等互動，於你來我往中，自然學習「耐心聆聽」、「有效回應」與「積極肯定」的對話能力。尤其是擔任討論帶領工作時，這種對話功夫，更是真槍實彈的體驗與學習；因此，在每一次的參與中，經由日積月累，不只提升善解的表達能力，更在無形中廣結善緣，培養謙虛與容異的胸懷，讓經常不自覺於高高在上的領導者的身段軟化，漸漸地，自然會有同心的夥伴願意與身為領導者的你同行打拚。

心法

「肯定」是對話的基礎，當領導者能放下身段，打開心與耳，真心聆聽對方時，因了解而產生的同理回應，將連結彼此的心。

 # 培養核心影響力

「知識力」與「對話力」是卓越領導者的兩大支柱，「知識」是領導的基礎，「對話」是發展與維繫領導關係的動力，此二者皆可經由讀書會的參與和實際帶領中體驗習得；領導者具備了此二能力後，自然就能散發出具有影響的魅力，然而，真正要有「影響力」，尚需要具有三種涵養。

一位領導者能否有忠實的跟隨者，往往與彼此的「價值觀」有關。如果領導者對自己的價值觀非常清楚，也根據其價值觀往前走，自然就會吸引志同道合者「物以類聚」的一起努力；反之，若其價值觀反覆搖擺，甚至不清不楚，則難以聚集人氣，自然也發揮不了影響力；可見價值觀的明確與否，以及是否堅持，是「影響力」的關鍵基礎。

每個人都不同，外在行為反應亦異，有人是說一套做一套，有人則言行一致，你會喜歡與哪種人相處？你願意跟隨哪一種領導者？前一種領導者，在他身邊的人自然會以人前人後差異很大的態度共處，如果領導者自身未能察覺，那真是危機重重。

風格是個人內在狀態的外顯，不具體，但卻感覺得到，因此，「風格」就在行事中展現，而產生的影響力是正面或負面，也就在一言一行中發酵了。

影響力的第三種內涵是「精進」。就算價值觀清楚，表裡如一，人還是會有起伏，何況人生本是充滿變數與學習因子的

樂園，往往在鬆懈時挑戰就隨之起舞，因此，能不因現況平順而滿意、停滯，願意不斷自省，覺察可再調整、學習，甚至精益求精之處，如此的自我精進是止於至善的永恆期許。

「影響力」較之「知識力」與「對話力」，是較抽象的能力，但是，看不見往往比看得見的更有力量，影響力是屬於內在涵養的修練。因此，經由讀書會成員間深度的對話，將有機會不斷釐清自身真正的核心價值觀，並由真誠回饋中映照出自己的風格，再加上彼此真心的關懷與激勵，可以跌倒再爬起來，走偏了再轉回正途，精進的動力將連綿不絕。

探討至此，身為企業領導者，若想提升卓越的領導力，還是可以積極參加讀書會，它將以最經濟的條件（金錢與時間），同時提供「知識力」、「對話力」與「影響力」的陶成。

心法

「領導」的本質其實是一種「影響」的過程，一位具優質影響力的領導者，必是具有明確的價值觀，表裡一致的風格，且能不斷自省精進的踐行者。

重要事只有一件

　　球隊為了打贏一場球，「訓練」是平時最重要的工作。如果一個球隊邀集球員後，草草訓練幾個小時，卻期望打出好成績，甚至要贏球，我們會笑說：「真是天方夜譚！」

　　現實中這種現象卻屢見不鮮。一群國文老師面對學生的語文程度普遍低落頗為憂心，亟思有何良方可以提升學生的語文能力，以迎戰基本學力測驗的作文考試？我回應道：「思考與表達能力是作文能力的基礎，不妨讓學生多做一些聯想、邏輯的活動或練習，譬如：進行有關創意思考的遊戲，或者上課時多用四層次討論方法，都可以刺激學生多元思考與及時回應的能力。」

　　「這要花很多時間耶，我們趕進度都來不及了，哪有時間做這些活動！」

　　類似的場景是與一些國小老師聊到學生學習的狀況，他們表示很希望學生能主動學習，上課時積極參與，思考能很活潑。我說：「也許可以採用對話式教學。」老師們似乎很有興趣，待我介紹完原理與方法後，他們的回應與前述的老師如出一轍：「沒時間啦！學校與家長要求進度，加上一堆行政配合事項，還有學生程度有的差異很大，很難做到！」

　　這樣的氣氛似乎也瀰漫在企業組織內。

　　某家企業面對高度競爭的經營環境，深感組織整體學習動

能對提升競爭力至關重要，希望能成為學習型組織，於是，想從推動組織內讀書會開始。

經過幾番溝通後，負責此案的主管說：「我知道若能邀約數位有心人開始運作，接著促成一些學習社群成立，並做一些觀摩、培訓等等，漸漸地風氣就會擴散，學習動力就會顯現；可是……，有沒有更快速的方式，例如：辦一、兩場演講，然後配合一些獎勵措施？因為，每個人都很忙，常常都要加班，恐怕沒有時間一步一步的推動！」

從小到大，由學校到公司，似乎全民都很忙，忙得沒有時間完整思考，停不下來享受對話的樂趣與激盪的火花之美，更不要說細細品味書香哲理與沉澱每日發生所蘊含的學習線索。

時間是最無情，也是最公平的使者，不願意花些時間卻寄望天上掉下來一堆美好的禮物，恐怕是在與生命開玩笑。面對時間的現實是一次只能做好一件事，因此，若想要有好結果，就請將過程做對吧！

心法｜忙碌的現代人常因盲目的忙而過得很茫然；真正重要的事往往只有一件，好好花時間用心去做，成果自然在完成中。

輯 6

親子與班級共讀

以「平等」、「開放」、「互動」與「接受」來參與親子共讀，是成人落實以「人」待「子」的基本心理建設。

老師帶著什麼樣的「心」參與，將直接影響學生的表現，因此，參加班級共讀時，請老師記得將「平等」、「對話」、「學習」、「陪伴」等四顆心帶到現場。

滋養家庭新文化

　　「閱讀」是一種能力，也是一種習慣，如果能及早培養，「閱讀」可能也會成為一種態度。

　　不論是能力、習慣或態度的養成，都需要經由一段學習的歷程、適當的方法與有利學習的情境，其中「情境」包含硬體的環境與軟體的氣氛，後者如：師長的身教、同儕的習性、興趣或需求的滿足度、有效的強化物等。因此，如果父母或老師願意與孩子一起閱讀、討論，將會是一種推廣閱讀、向下扎根的可行策略。

　　身為喜歡閱讀的你，也許可以嘗試將「親子共讀」安排為家庭活動之一。

　　那麼，「親子共讀」是什麼呢？就是陪孩子讀書嗎？還是說故事給孩子聽就算是了？而大人和小孩的年紀、程度、興趣、理解與表達能力，甚至價值觀等差異很多，可能一起讀嗎？可以讀些什麼？由誰決定閱讀的材料？至於人數是親子一對一，還是需要幾對親子一起參與較適合？

　　其實，就大多數成人的經驗而言，小時候可能就有過類似「親子共讀」的時光，只是當時未出現這樣的名稱，如；父母將我們抱在懷中一起看書或說故事、念兒歌，睡前在床邊指著圖畫書念給我們聽等；因此，就實務面來看，「親子共讀」並非完全陌生或全新的玩意兒，只是隨著時代變遷，以及家人互

動形式的改變，是可以較正式的將「親子共讀」當一回事來看待，也許有助於提升親子互動的量與質，滿足「共同學習」的需求。

　　就實務運作來看，目前有三種「親子共讀」的類型：

　　一是「**親子型**」：指的是「一對親與子」共同閱讀，彼此對話，進行中不需要專人帶領或指導，純屬「自助式」的共讀。

　　二是「**家庭型**」：顧名思義就是「由一位『親』與兩位以上『子』共讀，或『雙親』與一位以上『子』共讀」，此可以稱為「家人共讀」，由於純屬家人活動，因此，也是「自助式」的共讀，不需專人帶領或領導。

　　三是「**團體型**」：就是「兩對以上親子一起共讀」，為求互動、對話效果，此類型人數最好在二十位以內，以五至八對親子較適合，至於運作方式，可以採「自助式」的共讀，由各對親子輪流主持、帶領，必要時也可以邀請專人設計與帶領。

　　至於參加成員的條件、進行的原則、方式，甚至有關「親子共讀」的正確定位等實務議題，將於後續章節逐一探討。

心法｜學習就從家庭開始，對話就由與家人互動出發，讓家庭文化於自在交流中注入新的養料與動力！

 親子共讀知多少

坊間有許多與「親子共讀」相關的名詞，如：兒童讀書會、說故事等，它們就是「親子共讀」嗎？「親子共讀」是不是一定要讀「繪本」呢？

為了釐清「親子共讀」的定位，以下將從幾個容易混淆的觀點來探討「親子共讀」的基本概念。

首先要談的是「親子共讀」就是「繪本共讀」嗎？

「繪本」是共讀可以運用的材料之一，它的主要特性是經由圖案、畫面提供讀者想像、思考與欣賞的空間，而其內文大多簡短、易懂，因此，不論識字或不識字者，都可以閱讀，加上目前市面上的繪本主題相當多元，深淺各有不同，閱讀起來較有趣，沒有負擔，因此，常見「親子共讀」採用「繪本」進行共讀。

其次是「說（念）故事」等於「親子共讀」嗎？

說（念）故事是共讀的方式之一，或是共讀過程的一部分，如果只有說（念）故事，而沒有對話或討論，除非對象是尚無法清楚表達的嬰（幼）兒，否則，嚴格說起來並不能算是完整的「親子共讀」。

　　至於「兒童讀書會」，則不是「親子共讀」，因為「親子共讀」的對象包括「親」與「子」；但是，由於「親子共讀」有「子」參與，因此，「兒童讀書會」中較活潑的進行方式倒是共讀時可以參考運用的。

接著常見的是名為「親子共讀」，可是內容盡是一連串的「兒童活動」，這是怎麼回事啊？

　　「親子共讀」中，如果參加的「子」是學齡或學齡前兒童，為了引起動機，引發興趣，集中注意力，是需要將過程活潑化，因此，可以運用一些活動。但是，如果全部都是動態活動，孩子會一直處在興奮狀態，而無法進行系統思考，可能就失去「共讀」中最重要的「閱讀、思考與討論」的靜態、內在歷程了。動態活動是催化劑，而非「親子共讀」的主菜。

最後要澄清的是「親子共讀」一定要由「成人主導」嗎？

　　「親子共讀」的類型很多，一般是由成人主導或帶領，但是在選材及進行中，要避免「成人本位」的強勢，以免忽略孩子的狀況及其自主性與參與動機；如果孩子有意願或能力，基

於讀書會中「成員平等、互助」原則，「親」與「子」是可以輪流主導，協同學習；尤其孩子若是青少年以上，更要去除「成人主導」的成分，彼此以「成員」身分，相互尊重，自在交流分享。

　　總之，「親子共讀」強調的是「親」與「子」之間的「共」讀動力，意即經由閱讀激發彼此有互動，才是「親子共讀」的主軸。

心法　親子間有角色差異，若欲進入「共讀」狀態，則要學習彼此平等對待，才能在對等的基礎上互動共學，也才符合讀書會的精神。

 **親子共讀有原則** (上)

　　前文提到「親子共讀」有親子型、家庭型及團體型等三種基本類型，前兩種由成員自行運作，不需另找專人帶領，屬於「自助式」的共讀，第三種則可以依需要採「自助式」或外聘由「專人帶領」。

　　不論採「自助式」或「專人帶領」，影響共讀過程的關鍵人物還是「成人」，因此，為能將讀書會的基本精神與功能適度發揮，增進親子間的關係，參與的「親子」或「帶領人」宜本著「心理建設」、「個別差異」及「共同學習」等原則進行彼此的共讀與互動。

　　所謂「心理建設原則」是指為了便於共讀能順利進行，在運作前及進行中最好能做下列的心理建設。

　　一是「平等或權威」：

　　成員角色原本就有不同，很自然會將平日的角色關係帶入共讀中，形成不平等的關係，這將會影響孩子表達的勇氣與意願，因此，彼此要先有願意平等相待的心態與意願，在互動中視每位成員的意見皆等值，成人能不以威權壓制孩子的意見，尤其是有專人帶領時，更要適時提醒父母避免威權角色影響孩子的發言。

二是「開放或絕對」：

討論的前提是允許各種意見存在，創造一個開放思考的空間，成人的看法也只是可能的意見之一，而非唯一的標準答案，亦即要能接受孩子獨特的想法，尤其是超出成人的思維範疇，因此，能廣納八方之言，是共讀中成人需要持續培養的胸襟。

三是「互動或指導」：

學習的形態除了傳統的灌輸、被動接收外，尚可經由彼此交流、激盪建構出新的學習，這也是自古以來佛陀、耶穌、孔子、蘇格拉底等智者採用的對話式學習。讀書會的可貴就在於互動中迸出的火花，而親子共讀更集合了社會化的成人與較具原創力的孩子一起交流。因此，成人宜避免想要「指導」孩子，應抱持謙虛與欣賞態度，於互動中感受「學習」之美，享受被刺激之樂趣。

四是「接受與批判」：

人一旦被批判會心生防衛，感到挫折，若被接受則感到舒服，心生肯定；在共讀中許多意見往往只是立場、角度不同，

而非對錯、好壞，能先接受每位成員不同的想法，再發表自己的意見，以理性討論，而非過於主觀、情緒性的批判對方，這才是民主風度的表現，尤其對成人來說，更是最直接的身教。

因此，面對原本存在不平等的親子角色關係，學習互相接受不同（甚至不同於平日成人的表現），理性對話，不會秋後算帳，是順利共讀很重要的心理建設。

至於「個別差異」與「共同學習」等原則，將陸續探討。

心法｜以「平等」、「開放」、「互動」與「接受」來參與親子共讀，是成人落實以「人」待「子」的基本心理建設。

親子共讀有原則 (中)

　　人出生後，對外在的世界充滿好奇，遂經由不斷探索以滿足內在「好奇」的需求，而這一「好奇──探索──滿足」的過程就是一種「學習」。人天生是喜歡學習的，而閱讀與討論是學習的內涵和方式之一，所以，孩子應該是喜歡看書，也樂於討論、分享的。

　　為了讓孩子保有這一分興趣與動力，身為親子共讀的「大人」，千萬不要急著以自己的標準或期待，強拉著孩子上路，形成揠苗助長，抹殺孩子本具的學習樂趣與動力，因此，除了做好上一篇所提的「平等」、「開放」、「互動」、「接受」等四項心理建設外，最好能進一步了解孩子的特性與能力，依據孩子不同的發展與情況，做不一樣的選擇與安排，亦即要本著「個別差異」原則來互動。

　　首先是「年齡」。
　　不同年齡層的孩子，其注意力集中的時間與發展狀況皆不相同，因此，如果是團體型」的共讀，最好是同一年齡層（如：低、中、高、國中等）的孩子參加，以免差異太大，無法順利進行。

　　其次要考慮「性別」。

　　一般而言，中年級以上兩性的興趣與成熟度已經開始有差異，所以，若是高年級以上的共讀，選材和進行方式就要考慮性別因素。

**　　接著要了解「興趣與需求」。**
　　由於孩子的反應是比較單純、直接，如果選擇的材料不符合其興趣或需求，將無法引發他們主動參與，積極互動，因此，選材和方式要考慮孩子的興趣與需求。

**　　最後是有關「認知、語文、社會性」等發展面的考量。**
　　孩子在各階段、各方面的發展皆不同，尤其在認知（理解、思考）、語文（識字、表達）、社會性（互動、相處、合作）及創造力（聯想、創新）等的發展更影響共讀的進行。成人若能略具這方面的知識，將使共讀更順利、更有效。

　　生命是變動的，也是會發展的，無法以一套標準來控制，尤其孩子的差異性很大，如果強要「一視同仁」，其實是造成彼此痛苦的來源；若能考慮上述幾方面，將有助於對孩子的了解，建立親和、有利的互動基礎。

 心法　願意依著孩子的特性、能力與發展情況，選擇適當的材料，採用適合的方式，才能有愉快的親子互動，也才是真正「愛」的表現。

 親子共讀有原則 （下）

「親子共讀」的本質並非「陪」孩子讀書，也不是「教」孩子讀書，而是相信孩子有能力表達或表現所知，也深信孩子具有自我探尋與學習的可能。因此，「共讀」主要是提供一個共同學習的場域，經由互動增加一些刺激，產生催化的作用。參與共讀的「成人」，是否能接受孩子本具的潛在，是否能虛心面對自身的有限，是否相信可以由孩子身上學到東西，在在都影響互動過程的內涵與結果。

讀書會不同於傳統教室的學習，它不是接受權威式的教導，而是經由成員間的互相激盪，引發探討的線索，種植學習的種子。這種處於平等交流的情境，是「親子共讀」的精神，如此一來，才能真正落實下列「共同學習」的原則：

首先是「過程學習」。
學習是個過程，其中充滿可以學習的因子，不論過程中發生些什麼，都是學習的好材料。「過程」才是最真實的「存有」，因此，不論討論到後來有什麼結果，在此特別要提醒某些只重結果的父母們——「過程」才是重頭戲。

其次是「對話文化」。
雖然臺灣已經邁入民主化，但在家庭內的氣氛仍具有相當

傳統權威、命令的味道。若要能真正共同閱讀與討論，親子間要學習互相對話的方法，願意培養對話的習慣；而父母則要先願意放下威權角色與面子，才能創造允許對話的空間，塑造自由對話的氣氛，使對話成為家庭文化的一部分。

接著是「建構了解」。

孩子雖是父母所生，卻是獨立的個體，經由共讀過程，彼此知無不言，言無不盡，無形中增加許多互相了解的素材，因此，共讀不只由材料中學習，也在討論中向對方請益，加深彼此的認識，建立更深厚的情誼。

最後是「參與樂趣」。

人自出生起就在遊玩中學習，這樣的學習是充滿樂趣的。如果學習不是被強迫、被要求，而是有參與、受邀約，能當學習的主人，則參與共讀就不是苦差事，而是樂在其中。所以，「親子共讀」強調尊重參與意願，注重彼此過程的參與，並享受其中的樂趣。

親子間能共同學習，不只有助學習動力的養成與提升，也是親子關係成長的源頭，更是家人共生共融的好福氣！

 心法｜父母若能以「子」為師，就能在共讀中以「學習者」的角色參與，共享探索、發現與成長的樂趣。

63 家人的學習之旅

　　孩子開學了，一群由家長組成的讀書會也開學了。雖然才隔一個月沒見，大夥兒仍難掩重逢的喜悅，一坐下來就聊開了……

　　聊著說著就談到寒假做了哪些事，去了哪些地方玩，其中小芬有些不好意思地說：「我們沒有外出旅遊，不過倒是做了一項新的嘗試，我不知道那算不算讀書會？」

　　「讀書會？妳是說妳組了一個新的讀書會？」

　　「算是『家人知性交流』吧！」

　　「聽起來滿特別的，是做些什麼？」

　　「寒假開始後，有一天我突然間想到，一家人每天除了一起吃飯、看電視、聊聊天、睡在同一個屋簷下，好像還可以有其他交流或互動，所以我就跟孩子說：你們現在念大學了，每個人都有自己的生活圈，所學也各不相同，也許可以利用寒假就彼此專業、興趣或最想跟家人分享的資訊、經驗，自己定一個主題，蒐集一些資料，約個時間大家分享、分享。結果兩個孩子和先生都欣然答應，於是，就開始安排順序與時間。」

　　「哇，好棒！孩子還真捧場。」

　　「結果你們談了些什麼？」

　　「我建議一週一次，利用週六上午，一邊吃早餐一邊談。先生志願第一棒，他安排到家裡附近一家頗具異國風味的餐廳，

一家四口就在有些興奮，又很輕鬆的氣氛中，由先生先談談他對先今教育的一些看法，引發彼此的交流，接著他又提出一個教育內涵的架構，也讓每個人針對該架構做些回饋；第一次就在既新鮮又享有口福中，兼具知性與感性的結束。」

「聽起來探討的內容有些嚴肅，後面幾次呢？」

「第二次就是老大分享管理的基本概念，上學期剛好修了一門管理課程，就將所學重點和他寫的專題報告的實例分享出來，滿有意思的。接著就是弟弟介紹籃球的一些戰術，還用小白板加磁鐵說明，滿像球場上教練臨場的指示，過程中成員都很熱烈的提出平常看球的疑問，這一次就在熱烈、好玩中結束。第四次則由我主持，以一篇探討快樂的文章來討論快樂的因素，並分享生活中相關的經驗。」

「家人能有這樣溫馨的交流，真幸福！」

「是啊，當時純粹一時興起，也不知道他們有沒有興趣，真的是沒試試看就不知道可能性有多少。雖說是一家人，其實平時的交集很有限，藉由這次機緣，我發現除了有知性的學習外，更可貴的是擴增了彼此的了解，讓我們有更豐富、多元的話題可以聊談，而且看到孩子侃侃而談，發現他們真的長大了。」

「將來有繼續發展的打算嗎？」

　　「由於孩子在不同縣市讀書，所以暫定開學期間一個月一次，四個人剛好各輪一次。」

　　家人是一種特殊機緣的組合，如果能將學習與分享的成分也放進去，彼此的關係將更親密。喜歡學習的朋友們，不妨試試看，來一趟家人的學習之旅！

 心法｜家人除了血緣關係，也可以經由互動式的分享，讓個人所學，化為彼此成長的養分，讓家人成為親密的學習夥伴。

老師不只是老師

閱讀是學習的策略之一，在學校進行閱讀是再自然不過的事了；不過由於學生學習動機、興趣、能力各有不同，以及師生間角色落差產生的地位障礙，再加上教室內若習慣以灌輸的單向學習為主，則要進行班級共讀與討論，就要多費一些工夫了，其中又以老師在共讀討論中所扮演的角色，具有關鍵的影響。

班級共讀的主角是學生，從要閱讀什麼書，是否能依興趣選擇不同的書而形成幾個閱讀群，每次閱讀的進度與分量安排，到閱讀後如何進行討論等等，都應以學生為中心來考量，因此，如果學生都能順利進行，上軌道運作，老師其實也只是參與的成員之一，頂多再加上一個讓「共讀與討論」發生的促成者而已。

但是，學生畢竟是學生，站在教育的立場仍須有老師協助的地方，因此，在共讀的討論過程中，老師可以發揮幾種角色功能：

首先也是最基本的是「聽眾」。
就是專注聆聽學生的表達，很有耐心地陪伴學生們互動的過程，不插嘴，不隨意打斷，也不主觀批判。

其次是「回應者」。

當學生不清楚如何思考或表達時，老師可以提供一些線索或刺激，活化學生能力，甚至進行穿針引線，催化彼此間更熱絡的互動，當然，必要時也可以給予適當引導、補充資料或協助做一些必要的澄清、解說，而當討論內容很多或有些雜亂時，可以幫忙整理、組織一下，一方面讓討論更流暢，另方面可以協助學生不怕思考、喜歡閱讀。

接著是「激發者」。

過程中運用正面、積極語言及非口語反應，表達對學生參與的肯定與激勵，尤其對較沒信心或甚少發言的學生，當他想表達時，可以主動邀約，而開口後，更要強化其參與的行為；此外，老師也可以於適當時間提出另類想法，刺激學生廣開思路，多元探討。

雖然老師在知識、經驗方面是比學生豐富，但是學生也有其獨特的經驗或獨到的見解，過程中老師若能以「學習者」參與其中，抱持開放的心態，不只能增添對材料的收穫，也能更了解學生的觀點、能力、個性，甚至對於過程中發生的狀況，也能由處理中有新的學習。

最後是「管理者」。

包括事情規劃、準備、安排，以及進行過程中必要的秩序維持或狀況調解、時間控制、成果回饋等，這些工作的目的是協助共讀討論更順暢，而非要掌控或干涉成員的參與。

學生要能熱烈討論，除了能力與思考習慣外，很重要的是現場的氛圍是否夠安全、夠開放，所表達的方式、內容能不能被老師、同學們接納；若能塑造學生願意參與的積極氣氛，再適當發揮前述角色功能，班級共讀的討論將是一趟愉快、豐富之旅！

心法 班級共讀的功能之一是：讓學生有機會成為學習的主人，由傳統的被「餵食」，轉為能主動「覓食」，因此，老師角色於共讀中也需要靈活的轉換。

 請將「心」帶到現場

人有「求知」與「被知」的需求。

經由閱讀可以直接獲得知識，經由表達可以讓人知道自己所知，因此，閱讀與討論應該是很自然的，很愉快的。但是，實際在進行班級共讀與討論時，卻會出現不熱絡，甚至冷場的情況。

造成班級共讀討論不熱絡或冷場的因素很多，包含主題、材料對成員而言較陌生，或是成員沒興趣，甚至難度不適合，導致成員無法理解等；也可能是成員本身是非自願參與，易成被動配合，或者準備不足，不敢隨意開口，或是本身信心、能力不足，無法主動參與，當然，有時同學間的關係不良（如彼此有衝突、太過競爭的緊張關係等）也會影響彼此互動的意願；另外則是環境因素，如排排坐的座位安排就不利於討論，太過嚴肅或要求秩序、不夠安全的氣氛等，都會立即影響同學參與的意願和行為。

除了以上主題或材料、成員及環境因素外，另外一項關鍵因素就是「老師」的帶領能力與風格，其中帶領能力所需的方法與技巧是可以經由訓練獲得，屬於「術」的部分，是較具體、易學的；但是，要能將所學方法有效運用，把所知技巧靈活發揮，則牽涉到老師的「心態」，這就是「心法」的層次，亦即老師具有何種「心態」，將立即影響具體的行為表現，因此，

在帶領班級共讀討論時，老師不妨以下述四顆心參與，隨時自我檢視與修練：

首先是用「平等心」接受每位學生的存在與表現。

不因學生的學業成績、長相、家世等而生分別，若能進一步去欣賞每位學生的展現，讀出其獨特的價值，那就更能發揮平等心的積極功能了。

其次是時時用「對話心」與學生互動。

願意開放的聽，容納各種可能的聲音，尤其當很不同的想法或意見被聽到、被接納時，真正的交流才可能發生；不用擔心偏離正道的看法會成主流，只要夠開放，團體自然會有平衡的力量出現，只要彼此夠信任，老師及時所表達的不同觀點，就會被學生納入思考中。

再來是願意抱持一顆鮮活的「學習心」參與在整個討論的場域中。

這用意是在喚醒自己內隱的那位「好奇」的小孩，與學生一起探索未知的討論旅程，過程中所有的發生都將是寶貴的學習，老師與學生也會在不斷有「新」的發現中，滿載而歸。

最後，學生學習過程中老師最容易忽略的，卻是最根本的就是「陪伴心」。

老師要相信學習是個過程，人事物的成熟有其各自的步調與時程，因此，耐心的陪伴與用心的了解釋給學生學習過程最溫暖的禮物。

看不見的力量往往最有影響力，當你要進行班級共讀討論時，別忘了將「心」帶到現場！

心法｜老師帶著什麼樣的「心」參與，將直接影響學生的表現，因此，參加班級共讀時，請老師記得將「平等」、「對話」、「學習」、「陪伴」等四顆心帶到現場。

輯 7

讀書會的結與解

參與讀書會是一種學習的過程,發生任
何狀況,都是學習的材料,都是滋養生
命內涵的養料,因此,每一個瓶頸都帶
來了可以突破的禮物!

速寫心得非難事

　　有些讀書會希望能為走過的路留下足跡，會要求每次聚會都有要記錄，成員則要寫心得，甚至每年要出一本成果專輯，這對喜歡寫點東西的成員自是如魚得水，輕鬆自在。但是，對很多很少動筆甚至不曾提筆的人來說，常是很沉重的負擔，甚至變成一場夢魘，有時還會導致不再參加或排斥參與。

　　其實要留點東西下來的本意，是要為彼此的學習過程做個見證，立意良善，而且人有惰性，經由團體壓力，一旦完成，還是滿有成就感的。但是，善意的出發點，是否一定會有善果出現？

　　經驗告訴我們：不一定。要有善的結果恐怕和執行過程有關，其中至少包含了「共識」與「方法」兩部分。

　　「共識」指的是對於為什麼要做這些事，與自己、與團體有何關係，重要性何在，大家都了解嗎，認同嗎？

　　外在刺激是人的學習來源之一，例如：經由觀察、聽講、閱讀，接觸了許多刺激，如果只止於此表層的接觸，常常是視而不見，聽而不聞，就像很多時候我們讀了書，只是讀過，而沒有讀懂，更不要說讀進去了。

　　因此，如果能夠再經由思考，將所讀的內容消化一番，接著將所知、所感寫下來，讓自己把理解與消化的內涵整理一番，

這一「組織」的過程，將有沉澱思維與感受的功能；再者，若能把所寫的內容說出來，不只讓所學留下深刻印象，更能檢視自己到底吸收了多少，真正知道了什麼，學得扎不扎實？

這一連串由「閱讀」→「思考」→「書寫」到「口述」的過程，是提升讀書效益的有利做法。如果成員都理解其對個人學習的「好處」，相信再要求大家書寫些東西，至少在理知上就不會太排斥。

接著可能會面臨現實的狀況，如：沒有時間寫、不會寫、不知道要寫些什麼等等；的確，忙碌的現代人能撥時間看點書、參加討論，已經難能可貴了，還要要求另外找時間書寫，恐怕困難重重。

這種情況與習慣、信心和時間運用有關。

首先是很少有將所知、所得寫出來的經驗，其次是不相信自己有能力寫得出東西來，再者總以為寫東西一定要挪一大段時間才可以完成。

因此，為了幫助成員培養新習慣，建立自信心，善用有限時間，不妨每次於讀書會結束前，先用五分鐘將本日所讀、所談快速回顧，接著請成員整理一下自己的感受與學習，再用五至十分鐘將之寫下來。如此一來，不只免掉回去沒時間寫的困

擾，更讓成員體驗到自己的「有」與「能」；漸漸地，信心建立，習慣養成，能力也發展出來，這時要求寫一篇較長的心得或論述，可能就是水到渠成了。

　　讀書會的樂趣之一就是常有挑戰的來敲門，只要願意打開心門，邀請挑戰成行，難事就不會太難！

 心
法 ｜凡事起頭難，只要先有共識做基礎，再用適當方法執行，人的潛力將能順利顯露，而成長的路也就一步步啟動了！

可不可以吃東西

「我們讀書會最近變得不像讀書會了！」

「發生了什麼事？」

「本來是偶爾有人帶吃的東西來分享，最近愈來愈多成員帶食物來，甚至還自己做蛋糕、牛軋糖或滷味等等，好像在手藝競賽。」

「對啊！我們讀書會也常常一吃東西就開始聊起如何做點心或哪一家的什麼菜好吃，話題一開，往往不可收拾，時間就過了大半。」

「我看這樣下去乾脆就改名為『吃吃看讀書會』了。」

「其實讀書會也不用那麼嚴肅嘛！吃點東西可以讓氣氛輕鬆、自在一些啊！」

「到底讀書會可不可以吃東西？」

「問題可能不是吃不吃東西，而在於吃東西對讀書會有什麼影響吧！」

「那可以約定開始前十分鐘，或中場休息時，或者乾脆結束後才能吃，這樣就不會影響讀書會的進行啦！」

「可是有的東西是要趁熱吃，譬如有人帶熱騰騰的麵線來，放著不吃反而會受味道影響。」

「要不然就講好都不要帶吃的東西來，以免造成困擾。」

　　「這樣會不會太不近人情了，像最近有成員剛由國外旅遊回來，帶了名產請大家吃，大夥都好開心，還邊吃邊聊旅遊趣聞。」

　　「會不會聊聊就聊起其他人的旅遊或當地的特產去了？」

　　「嗯……，對哦，好像就變成旅遊見聞心得交流了。」

　　「看來，接下去就快變成『吃喝玩樂會』了！」

　　「那……怎麼辦呢？」

　　「其實吃吃東西不只滿足口慾，也讓帶來的成員有成就感啊！」

　　「也因開口吃東西，自然會邊吃邊聊，不只氣氛輕鬆、熱絡，也在不經意間拉近彼此的距離。」

　　「所以，看起來是可以吃東西，但是不要忘了讀書討論才是『主菜』！」

　　「有道理。如果成員都能有這樣的共識，其實，吃點東西是無傷大雅的。」

　　「必要時有人能提醒大家，譬如是當次的帶領人或會長。」

　　「或者任何成員只要發現大家快變成『吃吃會』了，就出聲告知大家回到書本進行討論。」

　　「也許當大家都對某些食物很有興趣時，可以請成員們找找相關的資料，甚至訂些相關主題來研討，既可以滿足食欲也能增長知識，也是一種讀書會啊！」

　　「哇！太好了，可以吃東西，又不至於變成只吃東西的聯誼會而已。」

　　以上是一群有類似經驗的讀書會友們的討論過程。

　　看來，經由「吃東西」的對話，他們發現「吃東西」可以不必是「問題」，當成員們對「讀書會」有適當的態度與共識，就算「吃東西」也可以發揮其積極正面的功能。

　　讀書會，真有意思！

心法　讀書會的好玩與精采，就在於能將任何的狀況化為可以學習的材料。

選書互動樂趣多

　　讀書會成員來自四面八方，每個人的興趣、需求、能力可能不同，該如何選書呢？該由誰來決定？選擇過程需要注意些什麼？

　　讀書會是一個強調共同參與、集體決策的學習團體，原則上是由成員一起討論、尋求共識後再做決定。但是，在實際運作時，卻需要依不同狀況而做彈性的處理；譬如：可以請每位成員帶一本推薦書來，各做一、兩分鐘介紹，彼此再針對有興趣的書進行意見交換，接著進行舉手表決，或者將書本展示在桌上，每位發三張空白選票，經由瀏覽後，再慎重地投下一至三票，依票數最高的一至兩本決定接著要共讀的書。

　　這種投票與開票的過程，將會增加許多互動的樂趣。如果成員一時無法推薦書或書單，就暫時由帶領人（或發起人）推薦一至三本，經過介紹與討論後決定；慢慢地，待大家閱讀經驗豐富一些，信心也建立起來後，就有能力與勇氣推薦想讀的書單。當然，也有讀書會會組織一個選書小組，授權該小組提議或決定；因此，選書也是個值得學習的過程。

　　不論是由全體一起提議、決定，或者由少數一、兩個決定，都要避免產生「為求團體和諧而壓抑、忽略少數聲音或需求」的「團體迷思」現象，因此，選書的決定過程不只要提供人人

有表達的機會與安全、自在的氣氛，更要考量成員的程度、閱讀能力與經驗、興趣，以及時間的可行性（如：成員自己有多少閱讀時間、每次聚會有多少討論時間等），以免造成無法參與或不想參與的疏離感。亦即在討論與決定過程，要多關照少數跟不上或有特別意見的成員，對這些成員多一些關懷與尊重，將使讀書會更具包容力，這樣的體貼也讓成員無形中歷練「容異」的民主素養，與相互扶持的處事態度。

　　雖然經由以上的過程與考量，很可能還是有人不喜歡所決定的書，那該怎麼辦呢？沒關係，只要大家盡力了，那是他要學習的功課；大家不妨暫時接受他的沉默或無言的抗議，也可以允許他暫時的請假，畢竟無法事事求完美，學習接納個人不同的反應，才是美妙的人生。

心法 | 選書的過程也是讀書會學習的一部分，經由參與產生的決定，是讀書會成為自主、負責的起點。

選材單純不簡單

　　讀書會是個很單純的團體，成員自願參加，對閱讀與討論有興趣，而且不牽涉名利、宗教與政治立場等敏感要素，所以，讀書會的運作應該很容易，每次的進行應該很順利才是。

　　事實上呢？參加過讀書會的朋友都會發現：讀書會是很單純，大家比較不會鉤心鬥角，可是，它還是人群的聚合，成員間仍有許多差異，也許是興趣不同、能力差別、期待有差異，甚至個性殊異等等，因此，經營一個讀書會其實並不簡單，仍然會遇到許多狀況，也因為參與其中而發現許多值得學習的學問。

　　譬如：如何選材，就有大學問。

　　選材？不就是找一本書大家會前閱讀，然後，一起討論嘛，有什麼難的？

　　問題是那麼多書，要選哪一本？由誰來選？如果決定了某一本，會不會有人因為不喜歡而不參加了？或者因為對那本書沒興趣，卻勉強參加而變得消極？

　　哇！選個書，就會牽涉這麼多，要考慮這些狀況啊？

　　的確，讀書會既是由許多不同的人組成，它會出現「不同」，其實是「常態」，就像是每個讀書會都不一樣，無法以一種方式或模式就能適用所有的讀書會，因此，要依每個讀書會及成員當時的情況來採取較適當的策略因應。

選材也是如此。誰選？怎麼選？

有以下幾種可能：

首先是「集體制」。

就是由全體成員各自推介書目，於會中簡介該書要點及推介理由，並讓成員瀏覽過後，採多數決選擇一本或依票數決定數本共讀的順序。

其次是「精英制」。

有些讀書會成員覺得每次都要找書介紹滿麻煩的，不如選幾位成立「選書小組」，由他們幫大家決定或由他們推介幾本，再由大家票選決定。

第三種是「指定制」。

有些讀書會的成立已有明確目的，因此，要閱讀什麼書籍，是由某人或組織決定的，如：某些企業的讀書會或某些宗教團體成立的讀書會，是依組織的需要或使命來決定閱讀的書籍。

最後一種是「輪流制」。

為了讓每一位成員都有參與和貢獻的機會，也可以每次

交由不同成員一至二位決定書目或由該成員推介幾本供大家票選。

　　不論採用何種方式或交錯運用，難免會不盡如人意，因此，你若是那不如「己意」的成員，剛好可以學習包容不同，稍微勉強自己試著讀讀不喜歡或沒興趣的書，也許，讀了就多開了一扇窗，也可以避免「閱讀偏食」的習慣；當然，如果真的很痛苦，不妨請個假，暫時休學一下，畢竟，參加讀書會是「歡喜甘願」的美事啊！

心法 讀書會的好玩就在於變化多元，連選材也可以有許多不同的嘗試，不妨試試各種方式，也許會讓讀書會注入新的刺激。

 多少快慢有學問

一本書要分幾次讀？一次要讀多少分量？一直是讀書會常見的疑惑。

其實讀多、讀少，讀快、讀慢不是問題，關鍵在：你想要得到什麼？

讀書會不像學校上課有趕進度的壓力，它可以有進度，但是，不需要為了進度而囫圇吞棗，可以依成員的胃口，細嚼慢嚥，精緻品嘗，也可以限時吃到飽，端視成員的食量、消化吸收能力與想要享受的氣氛而定。

如果想要快速吸收最新資訊，求的是量大、快速，選的書必是與新的趨勢、流行有關的資訊，當然是希望一次或兩次就將之讀完，畢竟只要「知道」就好，而不必追求深入的「甚解」。

如果是擲地有聲的經典之作，希望由其中獲得啟示，能與生命深度對話，洗滌渾濁的心靈，就要慢慢的讀，充分的對話與深入的研討，因此，花一年的時間好好談個過癮，激發出生命的火花，也是值得的。

有些書是一氣呵成，如：繪本、自傳體、小說體等書籍，若能一口氣讀完，一次討論完，才有一體的完整感，那麼，就一次談一本吧！

目前市面上有許多書是短篇成輯的，如果每一篇分量都夠重，那就一次選個幾篇，優雅細緻的咀嚼；如果分量平平，大

家又不希望花太多時間只在這一本書上，那就在每次的進度中選幾篇大家較有印象或興趣的內容，加以討論，其餘的篇章若有時間就大略導讀一下即可，或者可以先將該次進度各篇快速導讀，再由成員提出想要深入討論的篇章，進行充分的討論。如此，即可兼顧讀完與讀進去的質與量的需求。

　　一般而言，某本書會被讀書會選讀，必然有其價值或功能；同時，作者完成一本著作所花的心力與時間都是非同小可。如果一次就將一本書談完，除非成員會全都花了工夫完整閱讀、思考與整理，能有備而來的參與，否則，常常是點到為止的淺嘗或只能部分探討，而無法完整、深入的研討與吸收，實在非常可惜。因此，比較務實的安排是給一本書多幾次被討論的機會吧！

　　總之，分量與進度的安排不在於其他讀書會怎麼做，而要思量成員的「需求」、閱讀「能量」與所選讀的書的「性質與重量」，如此，才能回歸讀書會「自主」與「共學」的精神。

心法 | 決定閱讀分量與速度的依據，首先要清楚閱讀的目的，其次是成員的閱讀能量。

 質量兼顧巧安排

最近一位朋友想邀我到他們的讀書會坐坐，於是就先聊一下他們讀書會的現況。

他說他們每個月聚會一次，每次由一位成員導讀約三十分鐘，再開放大家討論。

我問：「一次讀多少分量？」

「當然是一本書啊！不是每次都要讀一本書嗎？」他覺得我問的有點奇怪。

我再問：「每次都討論得完嗎？」

他立即回道：「當然討論不完，時間到了就結束。」

「每次大家都有讀完才來嗎？」

「怎麼可能，能來就不錯了。」

「如果經常讀不完，壓力不是很大嗎？」

「會啊！太忙了，也沒辦法啊；不過，導讀人倒是一定有備而來。」

「那麼沒有讀完或完全未閱讀的成員怎麼參與討論？」

「想到什麼就說什麼啊，要不然隨意說些話，也表示有參與啊！」

當天進行到一段落後，有成員提議對進行方式做一些回應，也可以為新的年度要讀些什麼、怎麼進行，收集大家的意見。

在眾多意見中，成員普遍認為：這一年來，每月聚會一次就要討論一本書，不只壓力很大，常常沒有讀完就來參加，討論起來還滿心虛的。

為了讓每位成員都有表達機會，往往採用輪流發言方式，容易造成讓有想法、想發言的人或想對前一位發言做回應的人，無法即時暢所欲言。同時，又因為時間有限（雖然訂了兩個半小時，扣掉遲到、暖身及導讀時間，真正進入內容交流時，往往只剩一至一個半小時），對於許多精采或寓意深邃的內容，只能蜻蜓點水的掠過，無法好好的品味探討，不只意猶未盡，也感到好可惜。

還有一種情況是，這一本還沒弄清楚，還沒讀過癮，又要換一本，那種「趕路」的感覺，有時滿疲累的。能不能將一本書分成幾次討論……。

經過一番激盪後，大家同意可以更有彈性的安排。有的書適合一次談完，有的書則可以多安排幾次討論，甚至可以將以前讀過覺得不過癮的書，再安排重讀的機會；至於進行方式，不限於只採輪流發言方式，而是鼓勵自由發言，但要自行控制時間……。

　　的確，「讀書會」當然要讀書，但是，是不是一定要讀「很多書」，才表示是「好學者」，才能顯現自己是「喜愛閱讀」的人呢？

　　讀書的目的因人而異，讀少了怕落伍，讀多又擔心不精；面對快速又動盪的知識經濟社會，「質量兼顧」也許是一種有效的閱讀策略吧！

心法　現代人貪多擔心嚼不爛，讀多又怕不消化，如何能質量兼顧是需要成員們用心思考：「參加讀書會所為何來？」

突破瓶頸很簡單

「我們讀書會有一個狀況：成員好像都是在發表心得，而不是針對每次閱讀內容進行討論。」

「每次導讀人將內容重點介紹完畢後，請成員發表意見，常常是你說你的，他說他的，一位說完另一位接著說，很容易就談到自己的經驗或看法，結果是愈扯愈遠，好像跟書本沒關係。最後，時間到了只好草草結束。」

「讀書會進行中大家發言滿踴躍的，甚至會搶話說，可是，似乎都在說自己，很熱鬧，但是，好像談不出什麼，帶領人最後也只好將事前準備好的心得發表，做一個結束。」

「一本書，每次都談不完，導讀人想要較完整的介紹，可是時間都不夠；當發現某人的看法滿有意思的，想要進一步去探討時，經常會有成員表示還有很多地方還沒有談到，於是，將話題移過去，原來的思緒就斷了，好可惜。帶領人為了讓大家都有發言機會，也只好不處理，認其發展。」

這些場景似曾相識吧！

讀書會的進行，只能各說各話或心得發表嗎？對書本內容只能蜻蜓點水，大略瀏覽，而不能深入探討嗎？

這牽涉到幾個基本要素：如果一次要討論一本書，而大家都只能翻閱過，未經消化、深思，甚至沒有看完，當然只能東說一點、西談一點，僅就表層的印象與理解發表了。

　　如果大家以為讀書會就是要做心得發表，輪到發言時當人就是發表會前準備好的內容，而不是依現場出現的內容回應。

　　如果成員對讀書會的期待就是可以有講話的機會，於是一有機會就急著想說，而沒有傾聽的習慣，那麼，發言氣氛很熱絡，但少了探討的味道，就不足為奇了。

　　要突破這些瓶頸，其實很簡單，可參照以下原則：

首先，減輕閱讀內容的分量。

　　若能減輕每次研讀與討論的分量，大家在會前將有較多的時間可以讀完與消化，進行中也才能完整的導讀與充分的討論。

其次，注重互動與交流。

　　要讓成員了解：讀書會不是只能發表心得，更重要的是現場的交流與互動，經由彼此激盪產生的收穫，更能豐富原有的內涵。

　　而要能真正進入討論的場域，成員需要培養耐心聆聽的態度與靈活表達的能力，活在讀書會現場，尊重當下出現的意見，及時適當的回應。

第三，以閱讀材料為核心。

　　成員要有一個共識：讀書會是以閱讀材料為核心，來探討觀點，分享個人經驗，亦即是與材料對話為主軸進行討論，而非離題的發表演講或述說個人故事。

　　參與讀書會是一種學習的過程，發生任何狀況，都是學習的材料，都是滋養生命內涵的養料，因此，每一個瓶頸都帶來了可以突破的禮物！

心法　讀書會是一趟趟邊走邊學的旅程，也許事前可以有一些準備與心理建設，但是，過程中的發生更是重要的學習。

有效成員責任大

　　談到讀書會的有效運作，直接想到的就是帶領人的培訓工作，似乎讀書會的成敗、收穫多寡，與成員沒什麼關係，而是繫於帶領者一人之能力或英明程度。

　　這樣的觀念或現象，是與讀書會的精神相違背的。讀書會著重的是全員參與，強調的是人人平等，每一位都是「參與者」，因此，每一個讀書會的興衰，每一次聚會的豐收與否，每一個成員都有一份責任，也唯有具備如此的共識，整個讀書會的動力才能真正發展出來。

　　成員有哪些責任呢？

　　首先是「主動出席」的責任。

　　讀書會是自願性的團體，既然決定參加，就是「量力而決」後的選擇，因此，就要「盡力而為」，不只要出席，也要盡量守時，萬一有事，也要主動想辦法告知「聯絡人」或「帶領人」，這種「有交代」的行為，是負責的基本表現。尤其參加讀書會是為自己，不是為別人，不需要有人聯絡才「賣面子」出席。

　　其次是「有備參與」的責任。

　　讀書會的學習來自「集思廣益」，每位成員都很重要，都

能有貢獻；因此，「讀完」當次的內容，是最起碼的準備，最好還能加以「消化」，「思索」一些可以討論的線索或問題。雖然，空空而去聽聽大夥兒高見，也會有收穫，但是，身為其中一份子，若能做些準備，不只容易進入狀況，參與討論，更能因而激發互動，受益更多。

第三是「積極回應」的責任。

讀書會是一種群思共論的場域，學習不只來自成員間交互對話的內涵，其互動過程所有發生更是活生生的學習材料，譬如：有成員離題或發言過於冗長等狀況，常見由帶領人處理，萬一帶領人未處理或處理不當，成員就責怪帶領人失職，甚至私下抱怨；其實，有察覺的成員都可以及時回應、處理，因為這是「大家的」的團體，是來共同學習的。如有討論不順、沉默過長時，不必帶領人介入，人人都有責任讓過程更順利，更豐富。

如果成員能進到上述三種基本責任，可以說是具備了「有效成員」的重要成分，這樣的「有效成員」將更能協助帶領人發揮其功能，進一步影響整體運作。帶領人的效能及實際運作如何，是與成員是否發揮其有效性息息相關的。

心法｜讀書會是一個「人人有責」的團體，收穫多少、運作成敗，每一位成員在參與中都有影響力。

 # 讀完是一種美德

　　一群讀書會成員聊到每次參加讀書會的準備情況：

　　「我很想每次都讀完再去，可是，還真難做到。」

　　「有時不是沒時間讀完，而是，有些地方看不懂，就不想看了。」

　　「是啊，如果看不懂，有時甚至會不想去。」

　　「不想去？」

　　「看不懂怎麼參與討論，乾脆就請假一次啊！」

　　「沒有去，那不是很可惜嗎？如果是看不懂，又沒有去聽聽別人說，不是更沒有機會弄懂嗎？」

　　「如果大家參加前都看懂了，再聚在一起討論，是很棒啦；不過，讀書會不就是一起學習，相互請教嗎？」

　　「對喔，從這個角度來看，讀懂了去與有所不懂而參加，好像價值不同耶！」

　　「換句話說，如果都讀懂了，去不去參加可能對理解度影響不大。」

　　「有道理！如果有所不懂，反而更要出席，才有機會釐清疑惑或請人指點。」

　　「記得有一次我們讀書會閱讀一本宗教類的書，書中有許多名詞似懂非懂，甚至不知所云，雖然作者有時會做一些解釋，可是還是不易理解，大家其實滿擔心無法討論，甚至會前還掙

扎到底要不要去,於是,大家就在心虛中開始,沒想到談著談著,有位成員居然拿出一本該宗教的大辭典,引經據典的解說,一時大家豁然開朗,氣氛也轉為輕鬆許多。」

「『三人行必有我師焉』!其實不用怕讀不懂,就將疑惑帶到會場,成員中可能有高人可以指點啊!」

「萬一大家都不懂,那也就扯平,沒什麼不好意思的嘛!有時甚至就在討論中突然間靈光爆破,懂了。」

「那是不是看不懂就擱著,等著到現場聽別人說?」

「最好還是勉強看完吧!看過了縱使不懂,也會有印象,參與討論時或聽他人看法會較容易理解、吸收」

「記得有位老師說過:讀完才去參加是身為讀書會成員的基本責任。」

的確,閱讀過程若遇到不易懂或讀不懂的地方,正好經由讀書會的交流、討論,得到澄清或知解,因此,不需要因看不懂而生退轉之心;盡可能鼓勵自己與會前先看完當次進度,畢竟,「讀完」可以成為一種「美德」!

 心法 「道德」是用來要求自己的,既然決定參加讀書會,就要求自己踐行「讀完」的美德!

心若自如思路清

　　在一場讀書會新春聯誼中，一位成員認真的分享自己的困境：在參與討論過程中，很努力的想要參與，想要說些什麼，可是當下往往腦中一片空白；雖然，腦中有許多東西，可是，在那一霎那卻抓不到任何可以說的線索，有時正在思考可以說些什麼，討論的流已經又往前走了，只好暫時打住，重新來過……，他很想精進自己的思考與表達能力，期許自己在新的一年可以有些許進步。

　　「熟悉」容易讓人感到自在：在熟悉的環境、情境中，或與熟悉的人相處時，比較容易表達，另外，對自己熟悉的材料或主題，因為有把握，也比較能談；所以，客觀上，若能先有備而去，將欲討論的材料熟讀、消化，並做一些思索，儲備可供討論的素材，將有助於參與討論時有「物」可言。

　　如果做了充分的準備，卻因情境、成員「陌生」的關係，致思考與表達受到影響，那可能是「信心」的因素。

　　信心不足可能來自不夠自我肯定，也或許是自我期許較高，擔心自己的看法不夠好，或自己的表現不如預期；也可能是較少機會在眾人面前表達，以致有些怯場；因此，適當的調整對自己表現的要求標準，多找機會勇敢的開口，先不去評論說得好或不好，而是抱著「開口就是肯定的開始」的信心，將準備

的內容或當場出現的想法及時表達，練習機會多了、習慣了，就自然、自在了，腦袋也會變得比較靈光。

　　如果不是缺少準備，也不是信心不足，那可能是思考習慣或方法的問題。

　　有人習慣很急的要知道結果，少有慢慢經歷過程的思考，因此，常是蜻蜓點水式的跳躍思考，不習慣細嚼慢嚥的體會、深思；如果是思考方法的因素，不妨多看看市面上介紹水平思考、創意思考、邏輯思考的書，或者參考曾介紹過的層次思考方法。

　　其實，討論過程能靈活思考與表達的關鍵，除了事前準備外，現場能專注聆聽，輕鬆、耐心的參與，不執著己知，則自如的心將自然地將所知浮現、傳達出來，霎時思考與表達就靈活起來了。

心法　讀書會是個修心的道場，經由每一次的參與、覺察，讓自己的心更輕鬆、自在，漸漸地，就能更靈活的思考，更自如的表達。

形塑準時的文化

　　無法準時開始是讀書會常見的場景之一，於是，兩次、三次後，大家變得似乎很有默契的自動將出席時間往後延，而準時來的成員也就在閒聊中等待。

　　能不能做點什麼，讓準時的人不會無聊或浪費時間，甚至激起成員想準時與會的動力？

　　如果前一次結束後有作業要做，可以利用這段時間分享、交流作業內容或心得；有的讀書會則採較輕鬆方式，由一位很會講笑話的成員擔任「笑」長，每次時間一到，就開始說笑話，據說效果不錯，有些成員為了不想錯過笑話時間，大大改善晚到的陋習，甚至後來還發展成輪流說笑話，使得讀書會一開始就充滿了歡笑聲，真是喜樂的聚會！

　　此外，也可以安排一些可口、營養的小菜，例如：小故事、短文或小詩欣賞（許多小詩是滿可愛的，像爾雅出版社印行的《可愛小詩選》，就有許多佳作值得欣賞、品味與討論。）與簡略討論，讓成員來了就有參與，也有收穫；當然，有時一些小活動也滿能帶動氣氛或提供不同刺激與話題，像猜猜謎語、做個趣味心理測驗、玩玩小團康、唱唱歌等。

　　上述進行的內容如果能與當次將研討的內容有關，是最理想，如果不是，也無妨；不過，要記得「它」不是當次的「主

菜」，只是「開胃菜」而已，所以，時間要控制在一個範圍內，激起的情緒避免與接著要討論的內容風格差異太大，以免出現調適問題。

　　如果是玩遊戲，由於現場人數不定，而且會陸續加入，最好是選擇較不受人數影響的活動，亦即人多人少，或隨時有人加入都可以進行的遊戲，同時，因為時間有限，最好是選用隨時可以結束的遊戲。

　　讀書會的約束力來自成員的自律，很難以處罰或強制的手法要求成員準時，因此，若能一方面建立成員自我要求的共識，另方面也做些有吸引力的安排，讓成員感受到「遲到是一種損失，準時就有收穫」，自然而然準時出席的佳境就指日可待了！

心法　讀書會是學習「與人為善」的團體，多運用正面、積極的策略，激發成員自律的能力，讓成員都期待每次讀書會的來臨。

# 共啓成長的引擎

　　小玉最近有些悶悶不樂，參加讀書會也不太積極發言，在大夥兒的關懷下她才表示，因為先生認為她參加讀書會後，學會頂嘴，意見變多了，導致近來彼此關係有些緊張……

　　這個現象讓我想起曾經有人提到：夫妻一方努力學習、成長，形成雙方落差加大，破壞了原來和諧的關係，這樣好嗎？是不是最好雙方一起成長，要不然就維持現狀，以免製造問題？

　　的確，如果單方快速成長，對方會感受到明顯的壓力，造成彼此關係的失衡，因為，夫妻關係本身就是一個系統，而系統的特性包含「牽一髮動全身」、「努力維持平衡」等。一旦系統內的一部分有些改變，就會對其他部分產生影響，而原本處於平衡的狀態也可能因此承受較大的刺激而失去平衡，此時，系統為了維持平衡，會產生一些因應的反應，以回復原來的平衡，或產生新的平衡狀態，以便系統可以繼續運作下去。

　　若由以上「系統觀點」來看前述的現象，就可以理解小玉的先生為何會有如此反應：原本已經習慣的互動模式受到挑戰，有些新的刺激加入原本穩定的系統，系統內的另一方收到新的刺激，也感受到其影響力，這意味著若要維持穩定，不是除去新的刺激就是要開放自己接受新的刺激。因此，如果小玉的先生是持封閉的態度，自然會要小玉不要改變，或以否定態度對待小玉的新反應，以維持彼此原來的關係，如果小玉堅持改變，

先生仍不願開放的接受，系統就會進入緊張狀況，直到產生新的平衡，如果無法產生新的平衡，就有可能瓦解。

　　參加讀書會有所得時，那份雀躍的心情會很想與另一半分享，尤其經由閱讀與討論的激發後，點點滴滴累積的內涵與自信的建立，往往在言談中不自覺的流露。如果另一半並沒有如此的預期或心理準備，往往感受到的是「壓力」，甚至是對「自我權威」的挑戰。因此，若要將所感、所得與對方分享，或有機會表達意見時，不妨多一分對對方當時狀態的了解與關懷，適當適度的表達，以對方較能接受的方式與態度呈現，漸進的進行系統的調整，以免「呷緊弄破碗」啊，因為這不是我們成長的本意！

　　更重要的是，學習與成長所得是要先在自己身上踐行，而不是用來要求對方，甚至批判對方的。唯有更謙卑的面對自己的長進，才能讓對方願意經由接受而開啟成長的引擎。

心
法

若將所學用來評斷對方，甚至進一步要求對方，必然招致反彈。若能用在自己身上，讓對方因你的成長而受益，將會得到支持，也能帶動對方成長。

輯 8

帶領人的修與為

「導讀」顧名思義就是：引「導」成員
順利將內容「讀」懂。因此，導讀者要
依內容難易、分量多寡，以及成員準備
狀況和可用時間來做最適當的準備與安
排。

適可而止好修行

　　身為讀書會帶領人預做充分的準備,當然是天經地義的責任,只是有時候可能因為預備的資料很豐富,很想完整的與成員們分享,於是,整個過程就在帶領人的熱情分享中變成了帶領人的「個人分享會」。

　　聆聽帶領人豐富的解說,甚至觀賞精采的簡報、相關圖片,對參與者來說是一種享受,也會很有收穫,如果這是一系列的研討,於第一、二次做這樣的呈現,將有助於往後的探討;然而,如果只是一次的討論,帶領人的導讀、引介就占掉了絕大部分的時間,以致成員無法發表意見,參與討論,就顯得不太平衡,少了互動、激盪的熱絡氣氛。

　　認真的帶領人通常不只熟讀材料,預設提問,有時還會搜尋相關資料,甚至將該作者的生平、作品都廣泛閱讀、整理,不自覺中,「好東西要與好朋友分享」的善心就充滿了全身,而看不到現場成員的反應與需求,也忽略了帶領人的重要職責與功能。於是,結束後可能才會聽到成員的心聲,如:「帶領人是給我們很多東西啦,可是,一下子消化不了啊!」、「其實有些成員也是有備而來,可是卻沒機會發表,少了多元的聲音,有些可惜……」。

　　如何避免如此情況發生?

　　首先，帶領人要清楚此次帶領的主要目的，是引發成員思考，催化多元交流，還是導讀為主，協助成員對材料、作者有一清楚完整的了解？若是後者當　然就可以帶領人為主，充分展現所準備的內容；若是前者，則導讀與討論的時間就要有適當的分配。

　　其次，於現場進行時，要敏察成員的狀況與需求，不論是哪一種目的，其終極都是協助成員有所得，同時，讀書會與傳統上課不同之處在於，學習是來自成員間的互動與交流。因此，帶領人於進行中一定要提醒自己：「適可而止」，寧可將時間留給成員們發表、激盪、討論，也不要一味因忘我而成了「個人秀」。

　　學習帶領讀書會，也是一種修行，修一種「適可而止」的善行！

心法　有時候準備太多，想要全部分享，反而成了一種障礙，因此，認真準備的帶領人於現場時，要能「知止而後定」、「定」而後才能知所進退的「動」。

讀書讀人皆學問

　　怡君是一位退休的高級主管，每次參加讀書會都很認真聽成員的觀點與經驗，不會主動分享經驗，就算有人邀請她分享，她會表示不喜歡在眾人面前表達私密的經驗；可是，她卻經常於大家談完後主動進行重點整理的工作，並藉機發表個人想法，也經常對他人的經驗進行批判。由於她的表達清晰，邏輯順暢，加上氣勢十足，被批判的成員往往敢怒不敢言，只能私下發發牢騷，漸漸地，成員由有點怕她演變到有些不耐了，這時候身為帶領人可以如何處理呢？

　　雖說「討論與分享」是讀書會必備的主菜，但是，在實務運作中能順利的進行卻需要某些條件配合，尤其是分享個人經驗，並非有經驗、有表達力者，就會分享；其中牽涉到彼此的信任，也就是說，只要感覺不夠安全，就可能採取旁觀的態度。怡君可能是與成員們還不夠熟悉，也可能不習慣於眾人面前分享個人「經驗」，尤其是屬於隱私的部分；可是，又有自己的「想法」，加上當慣主管，指導性甚至批判性的言辭就不自覺出現了。（「經驗」會牽涉到個人內在私密部分，而「想法」是比較可以公開的。）

　　帶領人於了解怡君可能的心態後，可於現場秉持接受的態度加以回應。

　　譬如：可以針對怡君發言的內容要點加以摘述，而對於批判成員的部分（如：否定某成員的經驗），可以依雙方敘述內容指出：彼此「經驗」或「看法」的「不同」有哪些，並非表示誰對誰錯；亦即協助怡君習慣將「不同」視為「對錯」的「主觀價值判斷」，拉回「就事論事」的「客觀事實判斷」。

　　如果成員們因怡君的表現而感到相當不舒服，現場也感到一股悶悶的暗流正在形成，此時，可以對怡君稍做回應後，暫時休息一下，讓大家喘口氣；或者，必要時可以邀請成員談談此時此刻的感受、心情，協助成員們學習立即檯面化處理的能力，一方面學習忠於自己，另方面也是協助怡君有機會了解他人真實的感受。這種「立即性」的處理，相當具有挑戰性與冒險性，卻也是團體邁向成熟與深度信任的重要一步。

心法　團體內任何的發生都是學習的真實材料，讀書會除了讀白紙黑字的材料，也別忘了讀讀「人」這本大書！

 # 由發生中去發現

　　幾位讀書會資深帶領人聊到最近的一些參與經驗，談著談著有人提到：「參與讀書會這麼多年，也上了不少課，學了許多相關知識、帶領技巧、讀書方法、團體動力等，不知道還有什麼可以學的？」

　　「是啊，像四層次提問、對話方法、讀書結構法都知道了，也都在用，可是好像覺得少了點什麼。」

　　「這幾年發現自己還滿勤學的，只要知道哪裡有相關課程，盡可能都會參加，也許再找找有什麼新鮮課程吧！」

　　「說的也是，就像為了了解各類書本的讀書方法，我們還有一群夥伴花了三個月共讀『如何閱讀一本書』，真是夠認真了，哈！」

　　「我們的確很認真的學東西，最近我也在想：學習一定只能向外求嗎？」

　　「你這話是什麼意思？」

　　「我是說：我們會不會一直都只用一種形式在學習，就是去聽課或讀書，學習的來源好像都來自外部或他人，只是一直充填、累積？」

　　「好像是耶，有時像上癮了，沒去聽聽課程就有些空虛。」

　　「那還有什麼方法可以不假外求又可以有充實感的？」

　　「最近在部落格上看到一句話，滿有意思的，也許可以參

考：『正視發生，透視發現』。」

「發生？發現？」

「它們之間有什麼關係？」

「會不會是說：可以由『發生』當中去『發現』內在的道理。」

「對啊，所有的發生都不是偶然，其中必然有許多值得學習的材料存在。」

「所以，如果我們每次參加完讀書會，回想一下整個過程，當中的狀況是怎麼產生又怎樣變化的，自己的心情有什麼轉折等等，然後再問問自己由這當中有那些發現，包括對自己及帶領工作等。」

「聽起來不錯喔，如果能就每次的經驗中去省思、深探，一定也會有新發現，這樣的學習就是由已存在的現象裡去尋寶，是將外在發生的人事物經由覺察與省思，跟自己內在連結，值得試試看。」

　　每天都有許多「發生」與我們接觸，如果能在接觸後，用一點點時間去「發現」，再問問自己：「我由當中學到了什麼？」，也許學習的源頭活水就在其中！

心法

「外求之學總有窮時」，好學者往往忽略的最貼身、最熟悉的人、事、物等「發生」，皆蘊藏了值得「發現」的寶藏，因此，好學者如你者，不妨停下腳步，試著由每日的「發生」中去「發現」，進而轉為自我「發展」的養料。

對話平臺生信心

「讀書會應該是大家一起參與討論，人人都能表達自己的意見或感覺；可是，我們讀書會的成員卻都只想聽我說，他們認為對內容不太了解，來聽就好了。這不就變成『說』書會或『聽』書會了嗎？怎麼辦？」

最近遇到一些讀書會帶領人，談到這樣的現象，滿苦惱的。

如果成員抱持來上課的心態，自然是想來聽老師說些什麼，因此，首先要釐清參與的心態，讓成員了解讀書會是一種人人可以一起貢獻的共同學習體；亦即讀書會的學習是由成員於互動過程中共同建構出來的，帶領人的見解不必然是唯一的答案或不可挑戰的權威；當然，帶領者自己也要有如此的認知，不以知識威權或唯一詮釋者自居，方能塑造一個平等互動的氣氛與平臺。

其次，過去的學習經驗也讓我們習於聽講與抄錄。尤其在一些宗教團體內的讀書會，一方面閱讀的經典教材，已讓成員不易理解，加上如果是由資深師兄、姐，甚至是法師擔任帶領工作，更令成員基於倫理與知解的因素，而不敢隨意開口，以免造次或暴露自己的無知；因此，自然就出現：「既然大家都不說話，只好我多說一些；可是，卻變成只聽我一人說了。」

其實，並不一定是成員都無話可說，會不會有時是不敢說呢？

　　每個人從小到大都有許多經歷，也多少讀了些書，學了不少東西，內在都有各自的經驗、體驗與見解，那為何不敢表達呢？看看小朋友吧：他們知道不多，卻很敢發表，因其無忌啊！而成人卻江湖愈老膽子愈小，加上傳統對知識權威莫名的敬畏，不知不覺習於「不說不錯」還可美其名：謙虛的學習呢！

　　因此，塑造一個安全的對話場域，鼓勵成員想到就說，彼此接納而不批判，尤其帶領人更要高度自我提醒，既然鼓勵發言，不要先將所謂的標準答案擺在前面，讓成員彼此間有更大的空間相互激盪與釐清；帶領人重在耐心的聽，真誠的回應，適當的澄清、整理。當成員真實感受到安全與被接納的積極氣氛時，成員的信心才可能產生，而期待中的討論也就可能出現了。

 心法 想由「聽」書會轉化為「讀」書會，需要由適當的心理建設開始，讓成員於安全、接納的氣氛中，培養表達的信心。

知性啓發即治療

「最近正好讀到有關溝通的書,成員談到夫妻溝通的經驗,說著說著有人就哭了起來……」

「每當談到親子關係,有一成員就會分享他的經驗與困境,並且要成員給予協助……」

讀書會不是心理治療團體。如果因分享而碰觸到傷痛之處,或成員是帶著問題來,想到讀書會尋求解答,讀書會可以提供協助嗎?如果讀書會也有治療功能,它與一般心理成長團體的差別在哪裡?或者彼此間的界限是什麼?

讀書會的進行是針對「客觀材料」加以探討的過程,它以了解「材料」為核心,經由「閱讀」與「解讀」,產生想法或觀點,並與已知或經驗對話,進而有所「學習」;亦即「讀書會」是著重「知性」的理解,經由「認知」或「觀念」的啓迪,與自身相互「映照」,並進一步進行「驗證」,產生「覺察」,進而可能發生「轉化」,產生「改變」,甚至「頓悟」。因此,讀書會的「治療功能」是經由一連串的「學習過程」而產生的,它的主要功能不在做以「成員」為中心的心理諮商或心理治療,但是,它的「知性啟發」過程,卻可能產生治療功能。

因此,當進行「驗證」與「覺察」時,難免會進入心理層面的對話,此時,帶領人與成員只要專心聆聽,並給予「了解式」的回應,不需做深度的挖掘或病理的探討、分析。當有成

員分享其內心的掙扎,甚至哭泣時,溫暖、了解的陪伴,就是最適當的支持與協助,頂多於該成員較平靜後,可以邀請他說說由自己的掙扎中對自己有什麼發現,也可以請其他人談談聽完該成員分享後,有哪些與材料可以相互印證的,或經由書中的論點你想跟該成員說什麼,或者由其中你學到了什麼;也就是說,當成員進入「感性」的掙扎時,我們經由陪伴協助其回到「理性」,進行沉澱與整理,進而產生「知性」的收穫。

所以說,讀書會是將進行中任何的發生都做為「學習」的材料,面對成員內心的掙扎或困頓,以「傾聽」、「接納」的態度,給予「肯定與了解」的「回應」,並進而扣回與材料的「相關性」,幫助每位成員於每一次的分享與交流中,都有貢獻,也有學習。

心法　讀書會的「治療功能」是經由知性理解、對話消化與驗證中,產生啟發的作用。它的「治療歷程」可以說是由知性接收出發,經由感性掙扎與理性沉澱後,回到知性的清朗。

 # 閱讀生命天地寬

「聽完你的分享，發現生命的韌性真是不可思議！」

「在你的敘述中聽不到抱怨，而是充滿了寬容與諒解，我想那是一段段持續轉化的過程。」

「和你的經歷比起來，我所面臨的困境根本不是問題，我發現我是自尋煩惱。」

「你在那樣惡劣、無助的境遇中都熬得過來，給了我好大的力量，我相信我有能耐去面對眼前的一切。」

「我沒有經歷過什麼大的打擊，也一直覺得自己的生活太平淡了，可是，聽了你的人生起伏，我發現自己太幸福了，我會更珍惜自己擁有的，非常感謝你願意分享這一切！」

一句句充滿欣賞、讚歎與反思、學習的話語飄盪在一場「讀人」的讀書會中，成員與眼前活生生的「生命」對話所產生的衝擊，激盪久久，不斷引發內在的共鳴……。

如果想要來點不一樣的讀書會，也許「讀人」是個具有挑戰的安排與學習。

讀什麼「人」呢？

「古人」、「今人」都可以，前者可以讀「傳記」、「影片」，後者可以讀「平面」的材料，如：相關報導或相關作品（如：

前傳、自述、論述等），或「立體」的材料，亦即邀請「本尊」親臨讀書會，進行面對面直接的閱讀，至於「本尊」可以包括「內人」與「外人」，意指「讀書會成員或會外人員」。

這種「直接閱讀本尊」的讀書會的重點是，要由這個「人」的生命歷程中「有所學習」，因此，不是「挖隱私」的八卦大會，而是一趟向生命致意的「神聖之旅」。其內容可以是「本尊」的「成功或失敗經驗」、「成長中的酸甜苦辣」或「影響個人的重要人物、事件」等；進行的方式可以由「本尊」先做個短講，再由成員與之對話，或先由成員提問，再請「本尊」據以整合回應，接著進行對話。

不論用何方式進行，結束前最好能有「回饋」時間，請成員分享今天的收穫、學習，一方面讓成員有自我整理的機會，同時也用回饋表達對「本尊」的尊重，待成員回饋完，可以再請「本尊」針對這些回饋再做一個「回饋」，以達到雙向交流，為此場生命對話畫下暫時的句點。

由於「直接閱讀本尊」的讀書會相當刺激與敏感，因此，進行中要「絕對尊重」當事人分享的意願、內容與深度，用聆聽、接納、欣賞、關懷與學習的心態參與，而非批判、評論或建議，更不要急著為其解決內心問題或困境。

　　此外，基於個人的隱私，有關當事人所分享的內容，不宜擴散至會外；這種保密的倫理，也是對當事人的尊重表現。

　　「人」願意將自己攤在眾人面前，是非常、非常不容易的，我們有幸分享到一個如此獨特的生命，豈是用一個「感謝」能道盡心內的「尊敬」，是故，真能成就一個「讀人」的機緣，請好好珍惜難得的恩賜。

心法｜生命是一本大書，每一天就如同一頁書，當要閱讀眼前活生生的「生命」時，請以尊重、感恩的心情，運用欣賞與學習的指頭，輕輕翻閱。

 # 人間一遭何須急

　　「貪」是現代人的需求之一；想要閱讀很多書，想要學到很多東西，可是，時間卻很有限，只能以量大來告慰自己，而顧不到真正學到什麼了。

　　有一個讀書會選了一本六百頁的專業書籍，打算分五次討論，每次間隔一個月，成員約二十五位，一次進行兩小時，前一小時分四組自行討論，每組一位輪值者負責導讀與帶領討論，後一小時回到大團體，分享剛才小組內的精采內容，並進行進一步的討論。

　　這樣的安排看似合理，實際上，若要有效進行，是需要相當條件配合的。

　　譬如：如果有成員未讀完當次進度，甚至完全未讀，或雖讀完但不甚了解，或是讀過但也忘了大半（因為有一百多頁的篇幅），於是，帶領者可能需要三、四十分鐘進行提要式的導讀，以致在小組內只有二、三十分鐘可以討論，如果要更仔細的導讀，可能小組時間就用完了。接著，回到大團體進行分享與討論，每組若用八至十分鐘分享小組內的精華，也只剩二、三十分鐘可以開放討論，如果將分享組內精華時間縮短，甚至不進行，而直接進全體討論，那也要看進行的方式與內容，才能判定是否適當。例如：帶領人請成員提出想進一步釐清或探

討的問題，有一組率先提出四個問題，於是，開始討論，由於成員中有對該專業具豐富經驗者，因此，對前兩個問題談了滿多，以致後兩個問題只好略為帶過，而其他三組的問題就沒有機會討論了，大家都覺得滿遺憾，滿不過癮的，也發現收穫有限。

　　的確，一次要討論一百多頁，量已經很多了，再加上是專業內容，分量更重，而時間只有兩小時，又有二十多位成員，要能充分討論，深入探討，真是高難度的挑戰。

　　如果人數與時間不易更動，要有精緻的討論，務必要縮減每次研討的分量。成員若能自我要求，盡可能先讀完並預做思考、消化，也會對實際進行的品質大有助益。至於採分組在大團體的程序，也是因人數多，為顧及有較多發言機會，又能聽到更多聲音的折衷安排。

　　當然，如果分量不減，卻期待豐收，只有寄望每位成員能充分準備而來，並具有靈活思考與順暢表達的能力，且能言簡意賅，聚焦深探了；否則，也只能說：讀了，也討論了，至於收穫，就「修行看個人」了。

心法

參加讀書會，所為何來？如果你是「急」著走一遭的現代人，偶爾「緩」一下，也許人生風景會有不同的畫面；踏入「讀書會」，是讓自己可以「緩」一下的好機緣！

留意愼始的因素

「我們讀書會快倒了！」

「好像很嚴重，看你滿擔心的。」

「最近出席率不太好，人愈來愈少，出席的人也不一定有看書。」

「這些人是怎麼來的？」

「有的是自己來的，有的是被朋友拉來的。」

「聽起來有些不是自願的。」

「是啊，他們被帶來，可能只是想來看看，不是很有興趣吧。」

「你們讀些什麼？每次讀多少？」

「是由發起人列出書單，一個月聚會一次，一次討論一本。」

「每次怎麼進行呢？」

「本來是說每次由一位成員負責導讀，接著再請大家發表心得，發起人要大家先寫好心得帶來，打算將來可以出版成果輯。」

「結果呢？」

「開始兩、三次都還不錯，有一次導讀人臨時放大家鴿子，還好那位發起人還滿認真的，有用心讀書，就幫忙導讀，可是，就進行的有些雜亂。後來，有些人覺得壓力滿大的，不寫心得

了，也有人就不來了。」

　　「你認為造成參與人數下降的因素會有哪些？」

　　「很多吧！」

　　的確，冰凍三尺非一日之寒，現象的發生往往是諸多因素慢慢累積而致，有時甚至是一開始就種下了致命的因子，因此，很快就病態顯現。

　　譬如：對許多人來說，「撰寫心得」就是參加讀書會的「殺手」，在工作之餘能打開書本讀讀，已經夠認真了，居然還被要求「撰寫心得」，只好打退堂鼓了。

　　又如：對於好久未曾讀書的成員來說，一下子要讀完一本書，真是困難重重；雖說一本書可以有一個月時間閱讀，以兩百頁計算，一天看六至七頁就可以看完一遍，應該排的出時間，也很輕鬆，這對已經有讀書習慣的人而言，實在是輕而易舉。但對好不容易想碰碰書的成員，一下子要每天讀書，談何容易，更何況大多數人常常是讀書會前幾天才開始閱讀，屆時兩百頁就是個重擔了，加上若讀不完又會不好意思，心得分享時只好將囫圇吞棗的內容草草表達，自己不滿意，心理也不舒服，幾

次累積下來，會覺得很累；加上如果所讀的書不是自己有興趣的，自然就不想再給自己找麻煩了。

　　此外，若是被朋友「拉」去的，參加後不覺得有趣或沒什麼收穫，再去的動力就很弱了。

　　因此，讀書會的起步很重要，像前述的一些基礎條件就會直接影響爾後的運作，同時，讀書會是共學的團體，不能只以少數人的標準來「要求」所有的成員，而要顧到多數人的能力與情況來安排，才能在有共識的基礎上，往前邁進，經由共同的努力，在過程中不斷學習，一步一步的成長。

心法　讀書會的運作共識與動是要點滴建立與持續累積啟動的，因此，一開始的基礎條件將會影響往後的發展。

止於至善向前行

　　讀書會讀完了一本書或會期告一個段落，最後一次「結束」可以如何進行，安排哪些內容呢？

　　首先，就閱讀內容進行過程來說，可以邀約大家回顧每一章（次）的內容重點，並就其中印象比較深刻的內容、實例，或曾被激發的論點稍加分享，如果有哪個部分想再深入談談的，也可以花一些時間再加以探討；另外，可以針對成員做回饋，尤其是有獨特見解、貢獻良多（如：提供豐富資料、分享寶貴經驗等），或表現讓人印象深刻者，皆可於回顧過程中彼此交流。

　　其次，可以分享於探討此書過程中或這一期走來的收穫、學習，包括：在知識、理解上有何增長或釐清，於觀念或生活中有哪些提醒，有什麼踐行或嘗試的經驗，包含成功或困頓的體驗，都可以坦誠交流，以印證「知」與「行」間的關係。

　　另外，是有關個人成長的部分，可以邀請成員談談自己參加前與參加後的不同，包括思維廣度、深度，家人關係，生活態度，自我肯定，或表達能力、反應力、包容力等，同時，成員也可以藉機相互回饋，彼此映照這段時期的觀察與了解，除了增進當事人的自我認識外，也因彼此真誠互動，建立更信任的關係，這對讀書會的凝聚力是非常有幫助的。

　　接著，可針對進行方式、進度安排等進行檢討；有哪些可以繼續保留，有什麼地方需要再做調整等。

　　「回顧」告一段落，接著要進行「前瞻」，亦即討論下一期要閱讀什麼材料，以及進度、方式、時間、地點與人員的安排。

　　為了忠於讀書會「共學」的精神，最好是於當期結束前一、兩次，就提醒成員先行收集願意推薦的書本，以便在最後一次帶來介紹，並於稍加交流後，共同決定接著要共讀的書或材料。

　　讀書會是一連串持續學習的過程，每一次（期）的運作都是累積經驗，於做中不斷精進的好機緣，每一個段落的「回顧」，都是為了更有發展的「前瞻」，這就是讀書會能夠繼續「止於至善」的前進動力。

心法　讀書會是講求自律的學習團體，適時的回顧與前瞻將可提供不斷精進的動能，這對個別成員與團體修練的提升是很有幫助的。

 **導讀要讓人聽懂**

「導讀」，不是將內容重點快速念完而已！

曾經參加一個每月聚會一次的讀書會，每次進度是一整本書，所以，導讀人的壓力非常大。

有一次負責導讀的成員，為了幫大家很快將內容要點複習一遍，就將每一章、每一節的重點逐一念過。由於只能有四十至五十分鐘可用，導讀就將他畫好的重點以飛快的速度逐字念過，大家也就如同考前總複習般的拿著筆跟著翻書，跟著畫。俟他把近三百頁念完，大家都鬆了一口氣。

當天最後的回饋時間，我問大家：「剛才導讀時跟不上的請舉手。」全場五十人有近半都舉手表示：「來不及！」我接著問：「看書了嗎？」只有少數成員看完，大部分都只翻一下、沒看完，也有許多是完全沒看的。

如果大家都有將書讀完，這種快速的「照本宣科」式的導讀，是有「複習」或「提醒」的功能。若像這個例子，大多數人對書本內容是陌生的，採用如此快速的方式是達不到「助讀」或「熟悉」的作用的。

因此，擔任導讀前務必要先想想：「導讀的基本目的何在？」

不論是面對有讀書或未讀書的成員，之所以需要安排導讀，基本上是要協助成員增加為材料內容的了解。在表達方式上若

能以「說」為主，將自己消化後的重點「說」出來，再輔以「念」出文中重要句子，對聽者來說比較容易理解。

　　至於內容呈現方式，如果材料分量很多，不宜採用「照本宣科」的方式，因為太細了，不只時間不足，而且會太枯燥，此時，可以將每一章重點重新整理，並依每章的重要性做時間分配，必要時於導讀結束前再將整本書的精要做些提示；當然，如果能製作投影片，作為解說時的輔助，甚至將要點整理印給大家，也會很有幫助。要做到如此程度，導讀人可要好好下點準備的工夫了。

　　如果成員都能於事前閱讀完，導讀的工作就比較輕鬆，可以於現場採用提問的方式，問一些答案在書內的問題（即四層次提問法的第一層次「客觀性」問題），以助成員回想起內容，也幫助導讀者快速了解成員對內容的熟悉狀況，必要時再做一些補充即可。

　　「導讀」顧名思義就是，引「導」成員順利將內容「讀」懂，因此，導讀者要依內容難易、分量多寡，以及成員準備狀況和可用時間來做最適當的準備與安排。

心法　有效導讀不只要將「重點表達」出來，更要達到讓成員「懂」的基本目標，因此，導讀者請以「心存成員」為念來準備與執行。

培育小樹成森林

　　我在《讀書會結知己——實務運作手冊》一書的前言中，曾自問：「讀書會帶領人需要有系統、甚至接近專業的培訓嗎？」

　　當時自己的答案是：「如果只是找幾位好友針對一個材料聊聊，如果成員們都有閱讀的習慣，以及有效解讀與靈活討論的能力，實在不必大費周章，一階一階的進修。」

　　但是，「如果想從參與讀書會的過程中，不斷提升相關的知能，如果將參加讀書會做為終身學習的重要路徑，如果還想激發更多人由讀書會中受益，那麼，本著『學無止境』的心態，一步一步地往前走，一階一階向上跨，也是滿有意義，值得嘗試的。」因此，我將十五年來參與讀書會及投入帶領人培訓的點滴學習，整理出一套包含五個階段的「讀書會帶領人培訓課程」，由初階「基礎課程」，進階「方法精耕」，到三階「督導訓練」，四階「講師培育」，至五階的「師質精進」課程。

　　如今回首曾與苗栗縣社區讀書會發展協會同行的這些年，除了更加肯定上述的答案外，我還深深體會到如果將「推廣讀書會，帶動閱讀風氣」當作使命執行，光靠個人或少數熱心人士是不足的，而是需要有系統、有組織的一群有志之士，持續、有恆、運用策略的推動，因此，如何培養一批批有心人，助其將熱忱經由有效的方法，由自己受益進而福被更多需要的人，

是身為「發展協會」這類組織的核心工作。

經過數年的努力，該協會終於有一批成員一路堅持，上到「講師培育」的課程，他們已經開始擔任初階「基礎課程」的推廣工作。

「培育人才」是最不合乎「一本萬利」、最不符「經濟效益」的投資工作，因為它需要耐力、投入與紀律。但是，人的可貴也在於：一旦，實力夠扎實，只要時機成熟，潛力發揮的效益是無可限量的。因此，讀書會的推動，可先在「面」的方面求廣，以便「量」多，接著，就要重「質」的提升，而這兩者都需要一群具豐富實務經驗，又能善用方法且具內涵的推廣精兵，從事實際帶領與培訓的推展工作。

該協會培訓工作依序在各鄉鎮推動，其過程並非處處順利。教育就是播種的工作，只要有人願意參加培訓，他（她）就是一顆具有神奇生命力的種子，我們除了播種，就是努力的耕耘。持續關照曾參與受訓的種子，以及不斷充實自身的內涵，是帶領人和講師群需要一再踐行與精進的工夫，唯有如此，小樹要擴展為森林，就指日可待了！

心法 推廣讀書會需要更多人參與投入，因此，積極培育讀書會種子與持續灌溉、滋養種子萌芽，是具使命的有志之士可以共同努力的志業。

輯 9

看見書中妙智慧

　　人的可貴之處在於「有自覺能力」，自覺
力就是一種「自知之明」，它帶來對世界
的了解，讓人具有分辨、判斷的能力，當
我們能對自己有更清明的「看見」時，所
有自我本具的一切都是學習的源頭，智慧
之光會在其中閃現。

 # 面對與回歸眞我

　　人一出生，就有角色，隨著成長、歷練，角色也更多元，直至生命結束似乎都活在角色中。

　　有些角色我們喜歡，有些不喜歡，隨著日復一日的扮演，不自覺的用角色活出自己，甚至分不清我與角色的區別。也許偶爾內在真正的「我」會出聲抗議，但是，堅強的角色已形成一層堅固的保護膜，讓「心聲」與外界隔離，久而久之，「我」成了「自己」的陌生人，「角色」成了「我」，我找不到真正的自己！

　　蘇格拉底認為「認識你自己」是人生最重要的課題，也是一場長征之旅，如同 Robert Fisher 在《爲自己出征》一書中的武士，日夜皆穿戴著盔甲，以便隨時出征，終至有一天家人要求他將盔甲卸下，以便看到他的真實面貌時，他才發現盔甲已脫不下來了。

　　爲了脫下盔甲，回復活生生、有溫度的「自己」，武士開始了追尋自我之旅。

　　書中用三個城堡來象徵認識自我的歷程：

第一座是「沉默之堡」。

　　你我每日生活在忙碌、喧嘩中，外放多而內省少，最熟悉的反而是外在的世界，因此，了解自己的第一步就是要先學會

「完全的面對自己」，而能靜靜的與自己相處，才能聽到心內真實的聲音，如此經由自省，學習接納自己，正是打開心門的契機。

第二座是「知識之堡」。

人的可貴之處在於「有自覺能力」，自覺力就是一種「自知之明」，它帶來對世界的了解，讓人具有分辨、判斷的能力，當我們能對自己有更清明的「看見」時，所有自我本具的一切都是學習的源頭，智慧之光會在其中閃現。

第三座是「志勇之堡」。

在追尋自我過程中難免會有疑惑，遇到困頓也會有所擔心，甚至許多挑戰讓我們害怕，想要退轉，就像故事中的「疑懼之龍」，牠最喜歡的是疑慮和恐懼，如果無法克服自己心內的疑懼，不相信自己的「有」與「能」，疑懼只會不斷的被自己放大，因此，只要用如實的我持續往前，疑懼終是幻相，自然消失。

通過三座城堡，武士身上的盔甲一一掉落，武士終於觸摸到真實的自己，一顆自由的心靈充滿對未知的相信，因為武士找到內心最重要的源頭「愛」，包括對自己、親友與世界。

　　人一輩子的努力，就是在完成自我中得到自由，「為自己出征」的故事，就是帶著我們經歷由「面對自己」、「了解自己」到「超越自己」，進而「回歸真我」的生命循環。

心法｜自己內在就是一座知識的寶山，也是智慧的源頭，學會與自己真誠地對話，是一輩子最核心的功課。

90 親密自由的人生

是社會性動物，企求與他人有親密的互動，因此，與一群朋友在一起，應該覺得很充實；而自己一個人獨處，則應感到寂寞。

事實上，生活的體驗似乎不盡如此；也許你我都曾有過類似的經驗：

熱鬧的聚會剛結束，走在回家的路上，剛才的高談闊論猶在耳邊，而一股淡淡的失落感卻無由的湧現心頭；

一大早，家人都出門了，只有自己一人在家，煮一杯香醇的咖啡，在柔和音樂聲中，坐在窗前翻翻雜誌、看看書；或者也許什麼事都不做，不打電話，不接電話，只是東晃晃、西摸摸、發發呆，雖然只有一個人，卻很充實。

在人群中，卻感到孤單，會不會因為只有表層角色的互動，缺乏與真實的內在交流？而獨處時，若能實實在在地擁有自己，自然會有一種踏實感。

這之間的差別，也許是在追求親密關係或感覺中，只一味地外求與他人的接觸，而忽略了與自己親密的重要。

所謂「與自己親密」是一種什麼樣的狀態？

楊蓓老師在《親密、孤獨與自由》一書中表示：「當心安於己上，有滿足之感」，是對自己能否親密的一個必備條件。

因此，寂寞感的由來往往與人數、場合等外在因素無關，

而是，自己的一顆心是否安住於當下。

　　當今社會各種刺激、誘惑很多，讓人不自覺地活在外緣中，久而久之，不攀外緣就寂寞難捱。其實，寂寞感是一個寶貝，如同楊蓓老師在書中說道：寂寞讓我們有機會往內尋找，讓我們學習經歷面對並接受寂寞，單獨與自己的心在一起，於是，寂寞能轉化成孤獨，當心能回到自己身上，親密的滿足感就出現了。

　　人要與自己有真實的互動，是要與自己維持開放的關係；對自己不防衛，才能與他人建立自在的關係。親密關係也是如此，《親密、孤獨與自由》一書中提到：「當自己有能力和自己親密，才能有能力和別人親密」。

　　人渴望親密，卻也在緊密的互動中感受到被控制，而企望做一個自由的人。

　　面對如此複雜、糾纏又矛盾的狀態，人要得到真正的自由，也許可以借用楊蓓老師的體驗：試著回到自己，學習當一個『人』，看到自己的有限與執著，進而學習接納與轉化，包括學習接納與放下自己對完美的執著。

　　面對如此跳動不定的時代，讓自己在時時覺知中，學習將心安於己上，也許才能活出既親密又自由的人生！

 心法　如實接受自己的現況，就是與自己親密的開始，也讓「心」有了安住之所，「心安」了，人與己，人與人就能自在！

以正念轉化「生氣」

生氣讓人難受，沒有人喜歡生氣，可是，你我卻常常忍不住就生氣了。

每次氣完，最傷的是自己，下次「氣」在招手時，我們不自覺地又迎上前去，再自傷一次；人啊，真是矛盾！

我可以不生氣嗎？

「生氣」又是怎麼來的？

我可以如何看待「生氣」？

當某人讓我很生氣時，除了常用的生悶氣、不理他、打冷戰，或逞口舌之快的痛擊對方外，還有什麼較積極的自處待人之道？

當我翻開一行禪師的《你可以不生氣》一書，映入眼簾的是：我們正在「吃進」憤怒。

什麼？「憤怒」是被我們自己餵食的！

如果食物本身充滿負面情緒，我們將之吃進肚子裡，自然就會表現出憤怒、挫敗、絕望等；如果接收的資訊充滿攻擊、批判等情緒，也等於用眼睛、耳朵、意識吃進具有毒素的訊息。

所以，一行禪師提醒我們：「正念消費非常重要」。

其次，當我生氣時，就如同心房著了火，「如果你家著了火，最重要的是回家滅火，而非追縱火的嫌犯」，所以，生氣時，當下最重要的是好好照顧「憤怒」，它是我們內心受傷的小孩，

一行禪師提供很簡易的關照處方：「念念分明地呼吸、微笑與走路」，讓心內生氣的種子，不只不會繼續成長，且因得到足夠的正面能量而化解。

至於如何表達自己的生氣，不妨參考書中許多實例所運用的三句話模式，可以用說的，也可以用寫的：「親愛的，我很生氣，也很痛苦」、「我正在努力照顧憤怒」，以及「請你幫助我」。

這個模式是由真誠面對自己現況，忠實表達內在感受開始，接著負責任的表達我的付出，最後，邀約對方協助，讓對方知道自己的不足，需要得到支持的力量；整個表達過程，沒有抱怨，不見指責，也不是壓抑，而是忠於自己，誠懇邀約，真是充滿智慧的愛語！

活著，總要與人互動，當與他人有衝突時，彼此都不好受，如果繼續生氣，是讓彼此繼續受苦；也許可以換個策略，先回到自己，以「正念」溫暖的擁抱如受傷小孩般的「生氣」，漸漸地，就能體會對方也在受苦中，會想要幫助對方，此時，慈悲之心油然而起，不只減少痛苦，更能轉化彼此。

心法　學習善待自己的「生氣」，將讓正面能量升起，進而慈悲觀照對方，轉化彼此關係。

 活在「真實接觸」中

　　在與人往來的經驗中是否深深感受到「事情好辦，人卻難做？」麻煩的是事情往往不會自己完成，還是需要經由「人」才能有進展。因此，如何與人有效互動，並在交流中建立真實的關係，實在是身處激烈競爭的現代人必修的基本課題之一。

　　既然活著就需要與人互動，我們又對自己與他人互動的過程與狀態了解多少？

　　家庭治療大師維琴尼亞・薩提爾（Virginia Satir）在《與人接觸》一書的起頭就開宗明義地表示：「『接觸』不是一場你輸我贏的遊戲……，而是，很坦誠的生活，很人味的分享，以人為本位，以人為關懷。」又說：「『接觸』能增強你與自己、你與別人的關係。」

　　你我在工作職場上、生活中，與同事、與部屬、與上司、與家人、與朋友的相處，多少時候是將對方當「工具」對待，視對方為競爭對手或滿足自己需求的手段，而忘了以「人」相待？

　　人與人的關係往往來自於將對方視為「什麼」而定。宗教哲學家馬丁・布伯（Martin Buber）曾提到「我與您」（I and Thou）的關係和「我與它」（I and It）的關係，前者是將對方視同與自己一樣是「人」的對待，因此，是一種尊重、接納的平等關係；而後者，則將對方視為可被自己掌控的「物體」，

自然會出現要求、指責,凡事皆以「我」為中心的高姿態。

人與自己的關係也一樣,真誠、如實的納受自己,是一種平等、和諧的「I and Thou」的關係,而一直不滿自己,活在自我防衛的「表裡不一」的狀態,就是處在視己為「物」(It)的關係中。

我們喜歡那一種關係?我們希望被如何對待?每一次與人互動又呈現什麼樣的型態,當時自己的外在與內心又是處於何種狀態?

維琴尼亞・薩提爾在旅行了四、五十個國家後發現,縱使文化不同、生活方式不同、社會階層不同,卻有著共同的溝通現象與模式,她將具有破壞人際互動動力的溝通整理為四種:「討好型」、「責備型」、「超理智型」與「打岔型」,她認為這四種型態的溝通是為了保護自己的自尊,卻也增加了內在的依賴與害怕,因此,如果要活的更自在,想要與他人、與自己處在互信、和諧中,又能夠真正提升自己與他人的自尊,那就可以採用「一致型」的溝通方法。

前四種溝通型態因表裡不一,常使人們掉入「破壞性」關係中,就是典型的「我與它」(I and It)的關係,不只將對方「物化」,也未真正的尊重自己,因此,我們若要與「人」(包含他人與自己)有「真實的接觸」,就要學習「一致型」的溝通,讓自己活在「我與您」(I and Thou)的真實關係中。

 心法 彼此間要能真實地對待,就要學習無條件地看待每一個生命。

幸福躲在「不要」裡

　　進入中年後，漸漸體會人生的功課，不再是「還要什麼」，而是可以「不要什麼」。

　　隨著科技進步，交通發達，資訊流通，人類的欲望也不斷擴張；由經濟學的角度來看，欲望是促使人類進步，帶動經濟發展的原動力，可見滿足由欲望產生的需求，是人類求生的本能，因此，努力追求以獲得基本滿足，甚至想要更多、更好，並不是壞事；只是在追求的過程，以及得到了之後，有感到快樂嗎？「心」有感到更「安」嗎？還是有了之後似乎覺得還不夠，又想要更多，為了填補不足的空虛感，不自覺地繼續追求？

　　聖嚴法師在《放下的幸福》一書中直言道：「凡是『想要』的超過『需要』時，就是貪。」這個「要」包括物質、知識、技術、關係等；因此，當擁有許多卻仍感到不安時，也許是個自我檢視的契機，先數算自己真正的需要，誠實地問問自己：「不安是來自需要不足，還是想要太多？」一旦「想要」的超過「需要」時，貪念自然會讓心神不定。

　　當我們活在「想要」中，就會出現「期待」，尤其在人我之間總想要他人依己之意反應、行事，一旦非如己意，就會生氣，似乎對方應該是自己的「複製品」，看不到對方也是個獨立個體，這種不合理的期待將自己封閉在自我中心的框架中，以致當期待落差不斷出現時，對他人的生氣就會轉為對自己的

不滿，於是，更加生氣，「無名火」就這樣迸了出來。

在《放下的幸福》中，聖嚴法師說：「常起瞋心就如同慢性自殺一樣」，這把心中火「不但對自己不好，對別人也不好」，因此，生氣的情緒需要化解。

「化解」來自先能覺察自己對他人、外境的「不當期待」，繼而卸下「自以為是」的透明罩，自然能有不同視野，看見他人真實的存在，增加對他人的了解，於是，因為角度的轉換，念頭也跟著轉換，也許「慈悲心」就能漸漸增長，生氣、瞋恨自然會減弱。

慈悲心起時，人是謙和的，知道自己不用都當主角，是眾多因緣才能成事，明白自己的努力，也肯定他人的貢獻，人生舞台是各種角色相互效力，才能有精采的演出，因此，放掉唯我獨尊的虛幻，慢心遠離，人就柔軟。

沒有人喜歡煩惱，人人都想追求幸福，如果不想受到「貪、瞋、癡、慢、疑」所苦，請先清楚自己可以「不要什麼」，接著將它一一放下，心的純淨度將益見清晰，幸福的本質就油然而生了！

心法 │ 學會「減法」的生活，人生才有空間與幸福相伴！

 每日彩排好更新

　　每天接觸的人、事、物都會激盪出許多「發生」（happening），這些活生生的「發生」，可以視為當然的讓它過去，也可以當作上天每日賜予的禮物，好好珍惜，以感恩的心，認真去發現與省思其中蘊含的意義與價值。

　　「發現」的英文字是「Discover」，如同陳怡安老師在《人生彩排》一書中說：「『發現』就是掀開蓋子，看看蓋子底下藏了些什麼！」這也表示每個人生際遇（encounter）都蘊含豐富的寶藏，只要願意用心去體會，都能由其中開啟出珍貴的意義與價值。

　　譬如：當我們忙完了一天，正要放鬆之際，卻有一股失落的寒意由心底升起，有人可能為了填補此刻的空缺，立刻投入另一場熱鬧的聚會，而有人則會選擇「獨處」，靜靜而真實的與自己相處，將忙碌而迷失的心找回來，也許就在獨處的過程，慢慢看見自己最實際的狀態：是寂寞（loneliness），還是孤寂（solitude）？

　　《人生彩排》中提到：「人有兩種獨處的狀態，一種令人感到痛苦難捱，叫做寂寞；另一種卻常給人喜悅、安然，這叫孤寂……寂寞渴求陪伴，孤寂卻是自尊的獨立；而生命的根元處，每人都是單一的『個獨』……」可見忙碌與熱鬧之後，生命正等待我們去進一步造訪。

　　又如幾天前與某人因意見相左發生一些衝突，自己心情一直悶悶不樂，昨天剛巧又有事相遇，雖然力求自己平心靜氣，理性以對，心裡卻還是很不舒服，於是，找了一位朋友，跟他發了一頓牢騷，還一起吃頓大餐，原以為發洩完就沒事了，可是，一想到明天又要和某人一起談事情，渾身又開始不對勁。

　　每當與人衝突，總是習慣地怪罪對方，而面對曾經有過不愉快相處經驗的人，也自然地會用過去的印象與經驗來預判可能的發生，這些人際互動的大障礙卻在不自覺中產生負面影響，讓自己走進人際陰暗面，因此，如果能覺知自己的「負面陷阱」，就有可能以新的視角來重新看待彼此，給雙方新的可能，《人生彩排》裡有一篇談「眼光」的文章，作者指出：「如果你想做個勝任愉快的溝通者……，你得先把心內存在的魔鬼趕走，這魔鬼就是用固定的框架看人。」的確，人都希望他人能以新的眼光來對待自己，因此，更要用書中的一段話提醒自己：「上天早就原諒了我們所有的不是，為什麼我們總是對他人的缺失、過錯記憶猶新呢？學習用新眼光看一切的周遭和際遇，你會獲得意想不到的新發現……」

　　人生無法重來，每天都只能彩排一次，也許不完美，也許會有許多缺失，只要願意由今日的彩排中發現學習的材料，生命將在持續更新中精采的彩排下去！

心法｜人生是一段「做中學」的旅程，只要活著就有機會重新出發，這是每天醒來的好消息。

 生活中如實修行

　　一群人在聊天，有一位說：「活著真辛苦，沒錢想要多賺點錢，有了錢卻又擔心錢變少或不見了，只好拚命再賺錢。」隔座說：「最可憐的是卻沒時間花錢。」另一位呼應：「是啊，認真是一天，懶散也是一天，何必那麼累，人終究會死，不如及時行樂吧，佛法不是要我們『活在當下』嗎？」

　　這番話乍聽之下似乎滿有道理，如同星雲大師在《般若心經的生活觀》一書中提到：「有人說，信不信佛教都要死，也都有煩惱痛苦，所以，何必要信佛教呢？星雲大師說：『還是要信，因為信佛教是增加自己的力量，力量增大了，雖有生死，但無懼於生死；雖有痛苦，但無懼於痛苦。』」

　　所以，信仰的功能是讓我們在面臨生命挫敗或混沌時，有一股堅實的支持力量，而進一步是協助我們在每次生命起落時，更清楚看見所有發生背後的真相，以及真正的意義。

　　我們常常活在表象裡，以為所見、所知就是全貌，遂據以判斷、反應，因而帶來失望，甚至引發氣憤，卻見不到自己的盲點，就像看到媒體報導某棟建築在空間及環保設計上頗具巧思，而且所附圖片也展現寬敞空間、綠色花園等，於是抱著朝聖心情前去拜訪，一踏進樓梯，卻看到斑駁的牆壁，踩到有些鬆動的地板，有點凌亂的空間，當下心裡怨道：「媒體真會騙人！」

　　其實，媒體所說、照片所現都是實情，只是它並非該建築的全貌，我們就「以偏概全」的自以為是，讓自己原以為是趟「美好之旅」卻瞬間成了「失望的一天」；這種「苦」就如同《般若心經的生活觀》裡提到的「我與見」的苦：是因思想、見解錯誤而引起，是因我們對世間人、事、物的錯誤認識而生起的。

　　當眼前看到的與原先以為的不同，卻無法如實悅納當下的「實際存在」，就是因為「我」還活在過去的執著裡，以致遮蔽眼前的實相，讓自己活在像《般若心經的生活觀》所說的：「色、受、想、行、識五蘊積聚了以後，會像熾盛的火焰般燃燒，這個『我』也就要受無常之火燃燒了。」

　　曾經聽楊蓓老師引述聖嚴法師的說法：「佛教是佛陀的教育。」讀了《般若心經的生活觀》，果然感受到佛法的親切，以及與生活的緊密關係，如同星雲大師在〈自序〉中表達的：「想要讓人理解《般若心經》之後，吃飯、睡覺、穿衣、教育兒女、到社會工作，都能用得著、很好用。」

　　從學習與教育的觀點來看，「佛陀的教育」就是身心自在、離苦得樂的寶典，而「般若心經的生活觀」，讓我們能由行住坐臥間開始學習如實觀照，打開在生活中修行的方便之門。

 心法 ｜ 由內在的念頭閃動、情緒起伏，到外在變化引發的自我反應，都是實修的最佳材料。

 預備自在的老後

　　一個人活著除了基本的溫飽，還要有適當的人際關係以及可以發揮或投入的舞臺，這之間包含了生理、心理、社會與心靈的需求。

　　這些需求並不會因年老而消失，只是重要性或需求的內容有所不同；如同上野千鶴子教授在她的著作《一個人的老後》中由「生活住居」、「人際交往」、「理財規劃」、「醫療照護」及「人生句點」等五個線索探討晚年生活的規劃與準備，提醒現代人在老後的需求內涵需要特別注意的五個重點。

　　隨著工業化、都市化、科技化及國際化的發展，家庭形式已由傳統的大家庭快速變遷至以核心家庭為主的社會結構，而對婚姻觀念的改變，不婚族、頂客族的比例與離婚率也逐漸增加，同時，醫療進步讓人愈來愈長壽已經是必然的趨勢，這些在發展中的現象將產生「高齡單身人口時代」的來臨；如果已婚的夫婦能同時走完人生，如果老後子女都能在身邊陪伴、照顧，如果政府的老人福利與照護措施完備，讓老者（尤其是單身）皆能具有尊嚴的生活，那麼，我們其實不需要費心、費力的為自己的老後預做準備。

　　現實是「生命旅程愈長，愈有可能只剩自己獨自走下去。」不論結婚與否，「最後都是一個人」加上「孩子們總有一天會離家獨立」，以及整個福利與照護體系並不完善，因此，上野

千鶴子教授在提出前述觀點後，特別強調現代人要「做好『一個人生活』的準備」！

　　要一個人生活並不表示就要過著孤獨的日子，而是把握人生難得可以自由自在的階段。的確，在成年前幾乎都在父母師長的要求下生活；成年後，為事業、工作或家庭而奔波、努力，當進入『一個人』時，終於可以有一段為自己而活的人生，因此，除了預做經濟、健康的準備外，更重要的是能有可以談心交流、相互扶持且無利害關係的朋友；因為，年老後身體的必然衰弱，以及無法再創豐功偉業的現實，需要的是心靈的力量。

　　回應此種社會性與內在深層需求的能力與能量，是需要時間培養的，除了在《一個人的老後》及其「男人版」中都提到要「廣結善緣」、「廣交不同世代、不同生活方式」的朋友外，去發現每天活著的意義，探尋支撐自己生命價值的信仰，更是幫助老後一個人生命品質的關鍵，畢竟有再知心的好友陪伴，人終歸要面對與自己獨處的景況，因此，如何讓自己與他人互動、與自己對話時皆能心安自在，值得你我早做準備！

心法｜面對年老體衰的必然，以及可能「一人生活」的處境，及早儲備心靈的資糧，好讓自己的老後是安泰平和。

轉化「問題」爲「現象」

　　青少年時期一直是個惱人的階段，不只青少年身邊的「大人們」很頭痛，青少年本身也是煩惱一籮筐。

　　面對層出不窮的青少年問題，學者專家、社福警政機構及老師、家長們，總是想盡辦法要去解決，卻也常常面臨「剪不斷，理還亂」的窘境。

　　會不會是弄錯了？

　　「很會頂嘴、脾氣很大、迷上電玩、一上網就下不來、讀書容易分心、一講電話就停不下來、對大人愛理不理的、口氣很嗆……」

　　這些常讓大人苦惱的青少年問題，青少年自己可能不會認為是問題，會不會只是大人在自尋煩惱？

　　一位在校園從事青少年諮商的學校心理師，接觸過形形色色的青少年後，終於發現：「如果很多青少年都有上述的『問題』，那麼，所謂的青少年『問題』，會不會反倒是其發展中正常且必然的『現象』呢？」

　　當我們用『問題』的眼光看世界時，到處是『問題』；有問題是不舒服的，自然會想要解決，一旦解決不了，會「急」，急了還是沒改善，就會開始「躁」，於是，問題可能更加惡化，就進入了負面的循環，更看不清問題的真相。

　　《心理師的眼睛》一書的作者舒霖心理師就有如此的領悟：「當把所謂的青少年問題，轉回到青少年現象來了解時，我已

經從解決問題的十字架上走了下來。」

於是，會由想要「解決問題」轉為積極去「了解現象」，以及去看到現象背後未被滿足的「需求」與所要傳達的「訊息」。

人活著，真正需要的並不多，除了生理溫飽外，也只在乎安全、被尊重、被重視、被關心、有成就等心理需求而已。

青少年也是人，一樣有這些需要，而且更需要！因為面臨身心發展的轉折階段，對這些需求更敏感，因此，如果能得到適度的滿足與關照，他就可以順利的成長。

因此，當我們轉為「現象」看待時，看到的世界開始不同，我們與世界的關係也自然轉變。如同《心理師的眼睛》一書中說：「當一個人內心狀況可以被看見，而且能被了解時，其問題的壓力雖仍未解，但其面對問題的能力卻似乎瞬間大增。」，「當一個人被看見，而且被看懂時，心就會感動；心的位置能有所移動，就會看見新的視野，而新的人生旅程，也就跟著開啟！」

也許下一次遇到某些「發生」時，先自問：是「問題」還是「現象」？

如果是「現象」，它將是個過程，最需要的是「陪伴」與「了解」！

 心法 面對「發生」的角度與高度，影響對該「發生」的認知與反應，因此，調整位置，將有不同的看見，轉機就在其中。

98 集體對話孕智慧

　　身處多元時代，不只環境複雜，變化更是快速；而你我所工作的組織，所接觸的團體，是積極開發每位成員的智慧、能力，共同激盪有效對策與發展前景，或者仍然停留在「某人說了算」的決策模式，開會往往是聆聽指示或只是為某人的定見做背書的必要形式？

　　如果是後者，只能期待「某人」是英明、睿智的，其他人只要配合就好，這樣的運作模式在變動不大的穩定環境，可以生存，也可能會有平穩的發展；相對地，也會形成大家對「某人」的依賴，產生被動反應的處事習慣；漸漸地，成員們對外在變化的訊息會「視而不見」，或者曾經因敏察變異，適時反映，卻未得到適切回應，甚至被打壓、排擠，也就學會「聽而不聞」、「等待指示」、「自掃門前雪」等等的自保模式；由於外在環境變化激烈多端的訊息難以傳達，而再英明、睿智的領導者，個人的知識、資訊與能力也是有限的，因此，不重視集體智慧的組織或團體就會漸漸走向封閉而不自覺，慢慢流失動力而趨向衰微。

　　「在這動盪不安，人們彼此疏離的時代裡，我試圖找出能為未來重新點燃希望的各種構想、流程和作為，世界咖啡館正是我要找的東西。」瑪格利特‧惠特里在《世界咖啡館》一書的前言，開宗明義的指出有一種可以由合作中找到共利的方法，

就是經由集體對話，在開放、信任的氛圍中，彼此激盪，共同尋求因應變局的線索或有效解方。

　　這種方法原本就存在於人類的深層記憶與共同經驗裡，過去人們在日落而息後，圍坐喝茶，聊聊一天的經歷，談談共同面對的狀況或問題，在輕鬆、支持的溫暖氣氛中，更有力量與方向一起面向未來。

　　每個人都是有限的，而將彼此的有限相聚、交流，往往會產生「加乘」的效應，這個過程就是「集體對話」，它是建立在：相信人人本具有解困的能力與智慧，藉由聆聽他人可以彌補自己的不足，也會激盪出更鮮活的智慧，亦即在對話過程彼此是平等相待，不只尊重異見，更悅納多元的聲音，生命就在如此你來我往之間，形成智慧之網，在某個時刻突然湧出創新的想法或點子，這是生命的奧祕，也是人人具有的潛在。

　　面對需要集體協力的未來，人類更要打開心胸，啟動對話的平臺，才能催化出更具整體內涵的有效見解，共同孕育更具共生共利的智慧，而啟動的第一步就由你我身邊的家庭、團體與組織內部的對話開始吧！

 心法｜了解自己的有限，願意邀約他人一起對話，集體智慧將於交流激盪中自然湧出。

實現願景的力量

你能想像：一家小魚舖可以賣魚賣到全世界都知道？

你相信：「人類因有夢想而偉大」的力量嗎？

你曾為自己、團體或組織做過大的夢嗎？

人會作白日夢，會胡思亂想，會天馬行空的出點子；其中有些是幻想，有的則是夢想。

「幻想」是虛無、不實在且不可能實現的想法，而「夢想」則是有可能實現的，只要願意投入，「美夢成真」的機率就會出現，因此，將有可能實現的夢想具象化就叫做「願景」。

既然「願景」是對未來的投射，它就會具有「理想性」、「未來性」、「激勵性」、「方向性」與「可能性」等五大特性，於是，將願景化為行動時，它的影響力是巨大的。

位於西雅圖的派克魚舖，只是一個約三十六坪的小魚攤，如何能由財務危機中脫困，發展成為提供一流服務的企業，不只變成西雅圖的觀光景點，也是許多企業爭相取經的典範？

在《賣魚賣到全世界都知道》一書中，身為該書作者也是魚舖老闆的橫山先生寫道：「每個人都要為魚舖負起責任」是魚舖變革的關鍵。此關鍵乃源於一個祕訣：「立下一個願景，讓自己化身成那個願景，實現它，實現自己。」

因此，「願景」不是口號，更不是印在廣告上的包裝，而是一切行為舉止、策略抉擇的依據，不只要部屬遵循，上位者

更要以身作則，才能產生真正正面的影響力，如同橫山先生表示：「每天我會自問上百次：此時此刻我的作法合乎『舉世聞名派克魚舖』這個願景以及『創造舉世聞名影響力』的工作動機嗎？」

依據願景，派克魚舖的同仁們決心當「傳遞舉世聞名影響力的使者」，在經營上著重的是：把握每個服務顧客的時機，為顧客帶來正面、積極的影響。

人非聖賢，總有盲點，因此，若能虛心受教，主動請教，甚至願意協助他人做得更合乎「願景」的價值或標準，團隊自然會展現活潑學習與正面成長的動力，因此，派克魚舖發展出「相互指教的文化」，以不斷創發實現願景的活力與熱忱。

勾繪「願景」，如同立下志願，只是個抽象的起點，要能具體實現，需要在過程中不斷省思願景的真正意涵，以及釐清與堅持其核心價值與基本原則。

派克魚舖的成功提供許多落實願景的具體線索，橫山先生在結尾時表示：我們證明了人能夠開創自己的未來，並且帶給他人正面的影響。

我由派克魚舖的經驗中更學習到：對願景的真心承諾與每日在踐行中自覺的反思，將是邁向願景的真正捷徑！

 心法 願景不會自己實現，而實現過程必然會有障礙，唯有在實踐中能時時反思，忠於初衷，才能克服困頓，享受願景的果實。

附錄 1

提問參考題

附錄 2

回應與期許

附錄 1：提問參考題
善問啓動思考與分享

　　「討論」是讀書會的重頭戲，理想的討論場景是：成員都熱烈交流，針對材料內容與主題進行多元且深入的探討，不只有觀念、想法的激盪，也能與個人生命經驗深度對話；因此，討論帶領人若能善用「四層次提問」進行催化，將有助於增進過程的靈活度，提升討論的品質。

　　以下分別就一本書及書中的一章為例，提供可以討論的問題供讀者們參考：

◎《性別就是空間》（畢恆達 著）
提問參考題：
1. 書名是什麼？
2. 由書名你聯想到什麼？
3. 實際內容還記得哪些與此有關？
4. 看看目錄有哪些主題？記得在説些什麼？
5. 閱讀時有哪些心情出現？
6. 作者認為「空間」與「性別」有何關係？請舉出實例。
7. 這些觀點與你的經驗有哪些關係？
8. 哪些內容讓你有共鳴？或者特別有感覺？
9. 作者的觀點有哪些與你的想法相同？或不同？或者有疑惑

想挑戰？

10. 經驗中有哪些可以印證書中的例證或反證？

11. 書中有哪些觀點對你而言是新的？或者過去沒想過的？

12. 讀完此書你認為作者的核心理念或觀點是什麼？

13. 讀／討論完本書你有何收穫／省思／發現／提醒／學習？

14. 討論完後，你想跟作者說的一句話是？

15. 請你重新取個書名，你的答案是？

（一次要討論一本書需要考慮許多不同情況，因此，會有不同的進行方式，請參考本書 p.92-94〈知彼定己好討論〉的內容說明）

◎《共脩此生》第一章〈婚姻生活中的理路〉p.14-38 的「改善婚姻的途徑」（任兆璋口述）

本章探討在婚姻中成長的六個途徑，其中途徑一「從現在到背景」與途徑二「從外面到裡面」可以一起討論（問題 1 到 5），後面四個途徑也可以一併談（問題 1 到 9）。

提問參考題：

1. 途徑一與途徑二（途徑三、四、五、六）各在說些什麼？

2. 記得有哪些例子？

3. 這些例子是要說明（告訴我們）什麼？

4. 你對哪個例子特別有感覺（有共鳴）？

5. 有什麼類似的經驗？

6. 在這樣的經驗中，你看到什麼（對自己有什麼發現）？

7. 由這一連串分享、討論中，對自己有哪些提醒？

8. 有哪些新的發現或可能，你會運用到你的婚姻關係中？

9. 結束前，想對自己說什麼？想對另一半說什麼？

※ 這樣的安排是基於後面四個途徑是重點，因此，針對此部分可以花較長時間進行比較完整而深入的討論。

另一種提問討論的安排如：

1. 書中提到改善婚姻有哪些途徑？

2. 今天比較想先談那一個？

3. 哪個途徑主要是在說什麼？舉了哪些例子？

4. 說說看那個途徑（例子）跟你的關係。

5. 六個途徑中哪個途徑你比較容易做到？

6. 之所以容易是？

7. 這幾個途徑對你而言比較不容易做到的是？

8. 困難的地方是什麼？

9. 你曾經做過什麼嘗試或努力？

10. 周邊曾看過什麼成功的例子？

11. 如果想讓婚姻關係有所成長，經由以上討論，回去後，你可以有什麼不一樣的作為？

※ 這個模式是依成員的感受與經驗選擇討論的起點與脈絡，在時間有限的情況下，是可以有較深入的探討，但是，可能無法對材料內容作全面性的討論。

「提問」只是刺激與延伸思考的工具，事前做好「提問架構」的準備，有助帶領人在「有備而來」的基礎上「安心」地參與；一旦啟動討論，所備的問題都變成參考，避免被原先準備的問題綁住，而看不到現場的真實流動，唯有提醒自己與團體當下的動力同在，自然會有能力回應，而原先準備的問題才會產生助力而非阻力！

附錄 2：回應與期許

尋找生命錦囊的途徑

謝鴻文

　　九月初秋的週末，去參加方隆彰老師在臺北舉辦的新書座談會。進到裝潢精緻素雅的爾雅書房，面積不大的樓層裡已擠滿四、五十餘人，像主人一樣招呼來客的方老師果有好眼力，穿過人群看見我，走來握著我的手，親切地拍拍肩膀，又關切地詢問起我目前博士班的修業狀況。

　　從一九九七年開始成為老師培訓的讀書會帶領人，追隨老師倏忽十年，十年來收藏這樣的互動點滴，早已溫暖的淹漫整個心。

　　常言「一日為師，終生為父」，面對自己所敬重的老師，每回相見，便不免心疼老師的頭髮又大把大把的染白了；但在銀絲底下，卻是益見光燦鑠爍的精神，這當然要歸功老師的讀書養生了。老師勤讀書不僅是利己的修為，更重要的是他這十多年來將知識分子應具的淑世行為，透過讀書會的經營推廣，遍走臺灣各地，深入城鄉僻巷，悉心傳授武功，培養一個個讀書會帶領人，呵護一個個讀書會成長。

　　所以老師雖漸老而又不老，精神體力依然旺盛如爾等年輕，不計報酬的繼續站到各地鼓吹全民讀書。在老師的新書《讀書會錦囊》裡如此寫道：「來讀書會，讓忙茫盲的心田在休息中得到滋潤，在激盪中沉澱價值，在反思中發現亮光與方向，如此，人生更充實！」然而環伺當下臺灣社會，大部分位高權重

者不讀書，基本倫理道德全拋兩旁，可以任意胡作非為；大部分政客不讀書，言行舉止魯莽粗暴更似流氓；大部分富豪不讀書，放縱奢華享樂，只看名利，為富不仁；大部分電視上的名嘴主持人不讀書，好逞口舌，胡言亂言卻又沾沾自喜；大部分家長不讀書，寧癱賴在沙發上酣睡或看電視或打牌，就是捨不得把心定著在書上；大部分青年學子不讀書，上網聊天打電動，逛街戀愛或打工，不讀書總有一堆藉口理由；還有增加中的貧民階級不讀書，因為生活的窘境已經侵蝕他們的生存意志，企盼直接實質的福利救濟，而無法等待書的靜觀沉緩的改變生命。

這些讓人惆悵的現狀更直接反映在臺灣的競爭力已經不僅是經貿外匯、外交國力退步，還有連生態環境、文化教育都漸不如人了，但我們只能悲觀的賴活在這座黯然無生機的島嶼上嗎？還是有人樂觀熱情比如方老師，願把整個生命投入在做一件對的事，以志業之心永世相待，希望與更多迷茫中的人以書結知己，以讀書會做為生命轉折的起點，共同體驗「讀書會是一連串持續學習的過程，每一次（期）的運作都是累積經驗，於做中不斷精進的好機緣，每一個段落的『回顧』，都是為了更有發展的『前瞻』，這就是讀書會能夠繼續『止於至善』的前進動力！」這是多麼儒家情懷的理想祝願啊！

十年前得之於老師引入門，而後我也開啟了多年的青少年、兒童閱讀推廣的旅程，從社區、學校及至少年觀護所，但我做得還不夠多，還不夠完善；可是內在得以時時與自我對話，思考自己的知與未知，尋找到自己在此天地宇宙間的定位，我深深覺得除了用文學創作為途徑，加上力行實踐始真正體會到利

他助人的寧靜喜悅，任憑浮世如何沉淪晃動，我欣悅於自己漸長成一棵可以給一些人庇蔭的樹，願意持續修練出一棵樹最絕美益人的姿態，牢牢地扎根在這片土地之上。我仰賴的雨露，是書，是師長，是同樣愛書的益友，我們一起分享著智慧萌發的快然，這也是為什麼前些日子讀到馬修·李卡德（Matthieu Ricard）的《快樂學》（賴聲川、丁乃竺譯）提到我們得到知識純粹理性的理解是不夠的，還必須將所學融會貫通，讓它和心智緊密結合，到此地步就是自我轉化。而「修」這個字的意義就開始體現：讓自己熟悉各種正面特質——善心、耐心、包容心——然後透過修行繼續培養這些特質。

我許諾把讀書當作今世的修行，而讀書會裡與人激盪的思想火花，則是修行的方便法門。我相信方老師定也做如是觀，否則他也不會說出「自覺學習得真知」這樣的話了。

李卡德書中一再強調，真正快樂的重要因素就是利他的愛。懂得此言的智者，在付出利他之愛以前，都已經學會先讓自己幸福快樂。我敬愛的方老師，在新書座談會尾聲，慎重地向在場所有聽眾介紹他的家人，輕輕道聲感謝，師母還上臺公開了未到場的兒女給予的簡訊祝賀，現場從智性的分享瞬間轉向被感性包覆，我忽然覺得自己讀到方老師這本「人」的大書，十載其實只是其中一小章節罷，他還有兒子、先生、父親這些平

常角色仍有許多我未知卻可傚之的新章節等待歡喜閱讀。

座談會結束時，請老師在新書上簽名，老師為我題上「書中自有生命錦囊」幾字，捧回書時有著顫抖的感動，我讀書的確渴望的不是書中的黃金屋，而是希冀生命錦囊的探尋獲得；然而匆忙離去前，我還來不及告訴老師，我更希望有一天不用刻意去探求生命錦囊，可以化解所有困厄的大智慧早已長住安住於心了。

謝鴻文
虎尾科技大學通識教育中心講師
SHOW 影劇團藝術總監
林鍾隆紀念館執行長
兒童文學作家

附錄 2：回應與期許

讀書會的知與行

蕭宗智

　　為了在苗栗縣各鄉鎮推動讀書會，很幸運的會遇（enconter）一群人文導師，方老師就是當中的一位，時間一晃已經超過十年，看見方老師始終如一，樂在其中，讀書會與方老師已可畫上等號，書名《嚮往美感的讀書會》完全表達出老師與讀書會的關係情結。

　　在推動過程中，老師的《讀書會結知己》、《讀書會錦囊》二書相繼出版，真所謂應時之著，因為雖然讀書會是推廣社區教育的良好模式，是成人學習的有效策略，更是營造書香社會的具體指標，但以臺灣社會每人每年只看二本書的閱讀氛圍和放話多於對話的互動模式，讀書會的形成想必是要面臨許多的挑戰，這兩本書對推動者可說是最佳的教戰手冊。

　　讀書會是自我導向的學習團體，成員無外在約束力，從籌畫、組成、運作到穩定經營，如未能妥善運用各種策略，很容易因為個人因素或錯誤觀念而導致團體解散。另外，受正規教育的負面影響，讀書會運作很難跳脫被動的聽講，以材料為中心的進度牽制，以致無法享受主動和互動討論的學習樂趣。其中的問題可能包括：讀書會領導人的裝備不足，不了解讀書會的特性，缺乏非正式學習的認知與技巧，缺少討論經驗與方法，沒有合適的訓練與引導，讀書會成員缺乏閱讀討論的能力等，這都造成讀書會運作與發展的限制和挑戰。

　　特別我在鄉下地區，成人的學習成長、社會教育需求，往往不知從哪裡可以獲得滿足，透過讀書會的共學機制可以獲得基本學習需求的滿足。再者，社區中雖不乏閱讀學習的民眾，只是彼此不容易形成團隊學習的團體；想要長期投入，有組織的共同參與公共事務並不容易，但在社區中民眾參與的意義應更進一步在於公共事務的參與。

　　讀書會的對象主要是「人」，所要學習的內容更多，範圍更廣。因此，大事難成，好事多磨，需要經過──如何形成組織，透過團隊學習的運作，產生學習領導群的動力，帶動組織的成長過程，啟動「造人」的目的。這種以閱讀聚「會」的團體，有交流、討論、並有所領會，強調的是「客觀、彈性、自主」的思考模式，它重視團隊合作所形成的力量，透過團體的閱讀相互激盪、彼此分享與鼓勵，這是個人閱讀難以達到的。

　　綜合上述推動經驗所遇到的課題，在老師的書中都可獲得錦囊，讓自己有新的學習和修練。這種以對話為主體的讀書會，有別於傳統正規或非正規教育的學習形式，需要在實務參與和即時的引導中開始全新的探索。這本書想必帶領我們更會融入享受在讀書會的閱讀與對話中。

蕭宗智
中華牧羊人青少年關懷協會理事長
社大、讀書會帶領人培訓講師
家庭及親職教育專業講師

附錄 2：回應與期許

讀書會的常備良藥

王怡然

很榮幸可以介紹自己的老師和自己不敢不讀的必修書！

方老師是學生對他的稱呼；方哥是朋友叫的；陳怡安老師門下都叫他大師兄。大師兄的武功是不是第一，一直沒有機會與其他人論劍。但對方法的用功，我想說第一是不誇張的。所以當我們聽陳老師的心法覺得高深，總要他再當一次家教，負責教會我們。前幾年自己當理事長時，他可是練功房的總教頭！

他對我如兄、如師，也是我在人文課程的第一位啟蒙老師。後來更將我引薦到陳怡安老師的系列課程，從師生升格為師兄弟。我不算用功，只是幸運有他手把手的帶一陣子。但對於他認真態度與在乎，是我至今遠遠不及的！

與方哥結緣有十七年的時間吧！第一次上他的課是表達與演說，愛說話的自己只是因為好奇，沒想到上完課後，覺得有被打開的舒暢。從此，上臺前，有一顆安心的藥可以服用。以後多年，有幸與方哥南征北討，晚上常常同房檢討白天課程，一起想一些好玩的點子。這樣的薰習，對我日後獨當一面的造就，方哥始終都是無私的。

方老師的讀書會二書《讀書會結知己》與《讀書會錦囊》是無心插柳的傑作，或許在道場的大雄寶殿上過不少課，種下的福田吧！至少佛菩薩也都見證到這位辛勤人文農夫播種人文精神的心。

方老師的兩本書，對我而言，是讀書會的常備良藥，準備

新的課程一定要再翻閱一遍，才覺心安。問題解答在錦囊中都準備好了，當時要出版前，我們都覺得是給帶領人的筆記書，是隨身攜帶的武功祕笈，卻怎麼都不會與暢銷書聯想一起，沒想到，這幾年，讀書人口沒增加多少，書卻一版再版，欣聞又要增加內容再版。

《讀書會結知己》是讀書會培訓的理想國，是一本讀書會的孫子兵法，也是一本心血筆記書。我常告誡讀書會的朋友，這是十全大補湯，若對讀書會還沒有一些愛的承諾，常常會補到流鼻血，讀不下去的。

《讀書會錦囊》讀起來輕鬆，一顆顆錦囊如膠囊藥，作用都不同，層次分明。從閱讀的面向、討論的狀況、到讀書會團體的動力都有直達本元的妙方。彷彿找到蝴蝶結的那一根線，輕輕一拉，問題迎刃而解，是普拿疼也可以是綜合維他命。

看了方哥要增加的篇章，都是這幾年在讀書會的一些好書，有導讀也有方老師的思考與洞見。

與方哥學習讀書會的系列課程後，這些年，有幸見證讀書會在這塊土地的發展；有幸，也能與方哥一起為讀書會貢獻小小之力，見證每個課程中點燃發亮的眼睛。

祈願每個讀書會都能享受閱讀的樂趣，也都能激起討論的智慧火花，一起享受讀己、讀人的共讀樂趣！

王怡然
沙發讀書會成員
龍山寺文化廣場〈二十四節氣養生〉課程老師
龍山寺文化廣場〈經典中找療癒〉課程老師

愛‧學習
001

99則經營讀書會智慧心法

嚮往美感的讀書會

作　　　者　方隆彰

主　　　編　賴瀅如
編　　　輯　田美玲
美 術 編 輯　林紫婕
封 面 設 計　林紫婕

出版‧發行　香海文化事業有限公司
發 行 人　慈容法師（吳素真）
執 行 長　釋妙蘊
地　　　址　241新北市三重區三和路三段117號6樓
　　　　　　110臺北市信義區松隆路327號9樓
電　　　話　(02)2971-6868
傳　　　真　(02)2971-6577
香海悅讀網　www.gandha.com.tw
電 子 信 箱　gandha@gandha.com.tw
劃 撥 帳 號　19110467
戶　　　名　香海文化事業有限公司

總 經 銷　時報文化出版企業股份有限公司
地　　　址　333桃園縣龜山鄉萬壽路二段351號
電　　　話　(02)2306-6842
法 律 顧 問　舒建中、毛英富
登 記 證　局版北市業字第1107號

定　　　價　新臺幣250元
出　　　版　2013年6月初版一刷
　　　　　　2020年8月初版五刷
I S B N　978-986-6458-69-9
建 議 分 類　讀書會

國家圖書館出版品預行編目（CIP）資料
嚮往美感的讀書會 / 方隆彰 著﹣﹣初版．﹣臺北
市：香海文化,2013.06　面；公分﹣﹣
ISBN 978-986-6458-69-9(平裝)．﹣﹣
528.18　　　　　　　　　102010100

閱讀生命天地寬  讀書共修結知己